CONOCIENDO LAS VERDADES QUE
DEFINEN Y SOSTIE

¿EN QUÉ CREEMOS?

POR
OSCAR JIMÉNEZ

¿EN QUÉ CREEMOS?

Primera Edición
© 2021 por Oscar Jiménez
Todos los derechos reservados

Edición: Isabel Orozco Álvarez
Revisión: María del Mar Orozco Álvarez
Diseño: Samuel Barrios Miranda
ISBN: 9798418246547

Independently published

AGRADECIMIENTOS

A Dios, quien por su gracia, me permitió poner en palabras las riquezas invaluables de su salvación. Este material fue escrito como parte del proceso de discipulado de la iglesia Interlondres. Agradezco a los ancianos y a los obreros pastorales por su trabajo incansable en la obra de Dios. Agradezco a Elkin Useche por sus aportes en la producción de este material durante su tiempo como misionero en Londres.

TABLA DE
CONTENIDO

INTRODUCCIÓN

Las personas fuera de la iglesia (¡y tristemente también adentro de ella!) tienen el concepto de un Dios que simplemente demanda obediencia, aborrece el pecado, castiga a quienes pecan y premia a quienes obedecen después de la muerte al no enviarlos al infierno. Básicamente esos eran los pilares de la fe cristiana en muchas de las iglesias que conocí desde muy pequeño; el concepto de Dios se resume en un Dios exigente y castigador que quiere que le adoremos. O por el contrario, en un Dios que existe para cuidarnos y ceder a todas nuestra peticiones sin exigir nada a cambio. Pero, ¿es esta visión la que la Biblia presenta de Dios?

Las convicciones fundamentales de la fe cristiana deben conocerse, interiorizarse, cuidarse, preservarse, transmitirse y vivirse. ¿En qué creemos y por qué?, ¿qué de Dios?, ¿del Hijo?, ¿del Espíritu Santo?, ¿de la Iglesia? Este libro está dirigido a aquellas personas que quieren afirmar su comprensión de las verdades que sostienen sus vidas y tal vez se encuentran en alguno de los siguientes escenarios:

Camila es una chica universitaria que apenas ha comenzado su caminar con Dios. Aunque ha tomado la decisión de seguir a Cristo, no comprende cuáles son las implicaciones de su decisión y ahora no sabe, con certeza, qué creer y qué no creer.

Eugenio es un padre de familia que, tras el hundimiento de su matrimonio, se ha acercado a Dios. En su nueva experiencia de fe se siente satisfecho con que su dolor sea aliviado, pero no está interesado en ir más allá en la comprensión del Señor y su Palabra.

Darío siempre ha creído en Dios y ha aceptado la Biblia como verdadera, de hecho, tiene una en casa que lee ocasionalmente. Aunque le interesa conocer un poco más acerca de Jesús, motivado por su amigo cristiano, le aterra la idea de convertirse en un "fanático religioso". ¿Acaso lo que creo no es suficiente?, se pregunta.

Francely es madre cabeza de familia. En su duro peregrinaje por la vida ha encontrado un soporte en el Señor. Considera que confía plenamente en él, sin embargo, las pruebas le hacen tambalear y a veces toma distancia de Dios y hasta ha considerado retirarse de la iglesia. Cuando la calma vuelve, se afirma de nuevo. A ella le gustaría tener una fe más firme, pero no sabe qué hacer al respecto.

Juan Augusto es un hombre que lee mucho y se hace muy buenas preguntas. Desafortunadamente para todas ellas no encuentra respuestas. Esto muchas veces lo frustra y también lo hace dudar de que ha creído en algo o en alguien inamovible e irrefutable. ¿Cómo puede estar Juan Augusto seguro de qué ha creído?

¡MIEMBROS DEL MISMO GRUPO DE WHATSAPP!

El desarrollo tecnológico no solo nos permite tener acceso a la Internet, sino también poder compartir documentos, fotos y videos, al mismo tiempo, participar de las redes sociales, como los grupos de WhatsApp. Al ser miembros de la misma comunidad virtual (por ejemplo, el grupo de WhatsApp familiar), aunque estemos separados por espacio físico y tiempo (quienes viven en países distintos al país desde el que se envían los mensajes), todos reciben la misma información. Hablando de comunicación y de redes, pueden surgir preguntas con respecto a la conexión entre el mensaje que Cristo enseñó y el que a nosotros nos han transmitido: ¿Cómo recibimos la Escritura? ¿Tenemos los libros o las cartas que son? ¿Tenemos el mensaje correcto o hubo fallas en el envío del texto? ¿Estaban Cristo, los apóstoles, y las iglesias conectados al mismo grupo de WhatsApp?

Para responder estas preguntas debemos primero aclarar que los libros del Nuevo Testamento son el registro escrito del nuevo pacto que se inauguró con el sacrificio de Cristo (Lucas 22:20). De ahí que la enseñanza apostólica se enfoca en la realidad histórica de la vida, muerte y resurrección de Jesús (1 Juan 4:2; Romanos 1:3-4; 1 Pedro 3:18; Hebreos 1:3). Todos estos eventos fueron registrados por hombres que indagaron con diligencia la historia de Cristo.

Al igual que un investigador intenta reconstruir los eventos de un crimen a través de testigos, ellos, con sus pesquisas, certifican que Cristo vivió, murió y resucitó. De ahí el énfasis en que los apóstoles fueron testigos oculares; es decir, ellos oyeron, vieron, y tocaron a Jesús (1 Juan 1:1; 2 Pedro 1:16; 1 Corintios 15:5-8; Juan 21:35, 21:24; Hechos 2:32; Juan 20:19-23; Hechos 1:21-22; 1 Corintios 9:1). Los apóstoles transmitieron información sobre Jesús (2 Tesalonicenses 2:15; Lucas 1:2; Hebreos 2:3), y ellos mismos desaprobaron cualquier falso testimonio que quería filtrarse entre los creyentes (Gálatas 1:8-9; 2 Corintios 11:3-4; 3 Juan 9-12). Así que el mensaje que Cristo emitió a sus apóstoles y, a través de ellos, a la iglesia, fue claro.

Desde el comienzo de sus ministerios, los discípulos de Jesús, en calidad de testigos oculares, resumieron la vida del Maestro mediante afirmaciones doctrinales, mayormente, de manera oral: sermones, frases, credos y liturgias. ¿Por qué oral y no escrito? Recordemos que la comisión dada por Cristo fue ir y hacer discípulos/ser testigos (Mateo 28:19-22; Hechos 1:8). Así que la predicación fue primero oral y, cuando la Iglesia se formó y se expandió, surgió la necesidad de escribir para instruir, corregir, exhortar y animar.

Algunas epístolas paulinas fueron las primeras en ser escritas (antes de que fuesen escritos los evangelios). En sus cartas, Pablo registró enseñanzas de Jesús que estaban circulando entre las primeras iglesias antes de que los evangelios fueran redactados. Por ejemplo, Pablo dice: ...y recordar las palabras del Señor Jesús, que dijo: Más bienaventurado es dar que recibir (Hechos 20:35; ver también 1 Corintios 7:10-11; 9:14; 11:23-25)[1]. Además, Pablo incluye en sus cartas secciones en forma de credo (Filipenses 2:5-11; Colosenses 1:15-20; 1 Timoteo 3:16), que probablemente ya eran conocidas por la Iglesia. Pensando en las enseñanzas que estaban circulando entre las iglesias de manera oral, en el resto de la introducción ¡Miembros de un mismo grupo de WhatsApp!, observaremos la relación que existe entre la regla de fe, el credo y el evangelio.

LA REGLA DE FE

"La regla de fe" es una frase que tuvo prominencia en el segundo siglo, después de la muerte de los apóstoles (a finales del primer siglo)[2], cuando la Iglesia, sin la presencia de los apóstoles, comenzó a formalizar las doctrinas centrales en las cuales ya estaban perseverando (Hechos 2:42-47)[3]. "Para la iglesia primitiva, 'la regla de fe' contenía un resumen completo de la esencia de lo que el creyente debía creer. 'La regla de fe' constituía una teología básica de alcance universal"[4].

"La regla de fe" era un tutorial de los contenidos de la fe en la misión apologética de la Iglesia (la defensa del mensaje del evangelio contra herejías emergentes). Se debe aclarar que interpretaciones distorsionadas del ministerio y la persona de Jesús han acompañado a la Iglesia cristiana desde sus comienzos (Hechos 15; Gálatas 1:6; 1 Corintios 1:10-17). Según Ireneo de Lion: "El error nunca se presenta en toda su desnuda crudeza, a fin de que no se le descubra. Antes bien, se viste elegantemente, para que los incautos crean que es más verdadero que la verdad misma"[5].

Las herejías contra el cristianismo atacan principalmente la cristología, y Cristo es el tema central y esencial del pueblo de Dios, tal como aparece en la conversación de Jesús con Pedro:

[15] Él les dijo: Y vosotros, ¿quién decís que soy yo? [16] Respondiendo Simón Pedro, dijo: Tú eres el Cristo, el Hijo del Dios viviente. [17] Y Jesús, respondiendo, le dijo:

> *Bienaventurado eres, Simón, hijo de Jonás, porque esto no te lo reveló carne ni sangre, sino mi Padre que está en los cielos.* [18] *Yo también te digo que tú eres Pedro, y sobre esta roca* (el entendimiento de quién es Cristo) *edificaré mi iglesia; y las puertas del Hades no prevalecerán contra ella.*
> Mateo 16:15-18

Aunque es correcto afirmar que el uso de credos era de gran utilidad en el contexto de polémicas[6], la función principal de "la regla de fe" era el discipulado, instruir a los creyentes a vivir sus vidas con fidelidad a Dios. El Credo de los Apóstoles se convirtió en la expresión concreta y un resumen de la "regla de fe".

Para las comunidades de los primeros creyentes, estas reglas (afirmaciones) resumían el corazón de la fe cristiana[7] (Marcos 1:1; Lucas 1:1-4). Es interesante que la unidad de la comunidad cristiana no se desarrolló alrededor de ciertas prácticas sociales o étnicas (aunque tenían prácticas en común), como tampoco lo fue alrededor de agendas políticas, sino de una historia, tal como lo explica N.T. Wright. Esta historia se basa en el peregrinaje de fe de Israel, que encuentra su clímax en la vida, muerte y resurrección de Jesús[8]. Jesús es el cumplimiento de las Escrituras y, a su vez, su intérprete dentro de la fe cristiana (Lucas 24:13-35). La proclamación de la vida, muerte y resurrección de Jesús conducen hacia el arrepentimiento, la fe y el bautismo; estas son las prácticas de iniciación del creyente dentro de la comunidad de la fe (Lucas 24:44-49; Hechos 2:38-41). La fe, que a veces se entiende como el conjunto de verdades que conforman lo que uno cree, se recibe mediante la proclamación y se encarna a través del bautismo y una vida bajo el señorío de Jesús. De ahí que es claro que la fe se conecta con la práctica. Los creyentes deben vivir conforme a la fe recibida.

Para la iglesia primitiva, "la regla de fe" funcionaba como el criterio a través del cual se comprobaba la enseñanza apostólica auténtica. "La regla de fe" sirvió para que la Iglesia reconociera (no determinara) los textos que presentaban testimonios auténticos de la enseñanza de Jesús[9], aquellos enfocados en la vida, muerte, resurrección de Jesús, más que en fantasías y ficción (como en los evangelios apócrifos). Pensemos en la siguiente ilustración. Cuando un padre somete a su hijo a un examen para verificar que su ADN concuerda con el suyo, quienes hacen el examen simplemente verifican que hay una correspondencia entre ambas muestras; no es el criterio del padre o la opinión de quienes realizan la prueba los que determinan que el hijo contiene el ADN de su padre. De la misma manera, la Iglesia lo que hizo en el proceso de recopilar las Escrituras fue reconocer y verificar que hay una correspondencia entre la "regla de fe" o doctrina de los apóstoles y los escritos. Es importante aclarar que cuando Pablo escribe la primera carta a los Corintios, tanto él como sus lectores comprenden que este es un mensaje de Dios para ellos, no tuvieron que esperar hasta que la Iglesia les diera su sello de afirmación siglos después. De hecho, aunque los apóstoles eran agentes autorizados por el mismo Cristo, Pablo dice en Gálatas 1:8 que ellos no son los que autentican el mensaje; más bien, el mensaje ("la regla de fe") los autentica a ellos.

> *Pero, aun si alguno de nosotros o un ángel del cielo les predicara un evangelio distinto del que les hemos predicado, ¡que caiga bajo maldición!*
> Gálatas 1:8 (NVI)

La "iglesia nunca ha estado sin un resumen claro y enseñable del contenido principal de la Escritura y, de la misma manera, hoy necesita de ese resumen en su enseñanza"[10]. Por ejemplo, en Filipenses 2:5-11, Pablo escribe:

> *[5] Haya, pues, en vosotros esta actitud que hubo también en Cristo Jesús, [6] el cual, aunque existía en forma de Dios, no consideró el ser igual a Dios como algo a qué aferrarse, [7] sino que se despojó a sí mismo tomando forma de siervo, haciéndose semejante a los hombres. [8] Y hallándose en forma de hombre, se humilló a sí mismo, haciéndose obediente hasta la muerte, y muerte de cruz. [9] Por lo cual Dios también le exaltó hasta lo sumo, y le confirió el nombre que es sobre todo nombre, [10] [y ya que él porta ese nombre] se doble toda rodilla de los que están en el cielo, y en la tierra, y debajo de la tierra, [11] y toda lengua confiese que Jesucristo es Señor, para gloria de Dios Padre.*

En este credo, que tal vez se cantaba en la iglesia primitiva, Pablo resume su comprensión de la vida de Cristo: el descenso de Cristo a la tierra y su deidad (2:6-7), su obediencia al morir en la cruz y su humillación (2:8) y su exaltación al cielo (2:9-11). Consideremos, por ejemplo, 1 Corintios 15:1-5:

> *[1] Ahora os hago saber, hermanos, el evangelio que os prediqué, el cual también recibisteis, en el cual también estáis firmes, [2] por el cual también sois salvos, si retenéis la palabra que os prediqué, a no ser que hayáis creído en vano. [3] Porque yo os entregué en primer lugar lo mismo que recibí: que Cristo murió por nuestros pecados, conforme a las Escrituras; [4] que fue sepultado y que resucitó al tercer día, conforme a las Escrituras; [5] que se apareció a Cefas y después a los doce.*

EL CREDO Y EL EVANGELIO

Permítanme explicar cómo lo que hemos analizado hasta aquí se conecta con el Credo y el evangelio: 1 Corintios 15:3-5 presenta el evangelio que Pablo recibió y entregó a los creyentes en Corinto antes de que las cartas y los evangelios fueran escritos. Este resumen de la fe inicialmente se conoció como "la regla de fe" y posteriormente se desarrolló y vino a ser conocido como el Credo de los Apóstoles. El Credo articula el contenido implícito y explícito de aquello a lo que Pablo llama el evangelio.

El Credo se centra en Dios como el creador, el agente principal en la acción salvífica y el objeto de la adoración del creyente. El Credo se centra en la vida, enseñanza y obra de Jesús y termina con los efectos de la obra de Jesús: perdón de pecados, la institución de la Iglesia universal, la promesa de la resurrección de nuestros cuerpos y el regalo de la vida eterna. El Credo tiene como base el mandato bautismal (Mateo 28:19)[11] y, por eso, se estructura alrededor del Padre, el Hijo y el Espíritu Santo. De hecho, ha sido costumbre en algunos períodos de la historia de la Iglesia usar el Credo de manera interrogativa en el bautismo de los creyentes, por ejemplo: ¿Crees en Dios Padre todopoderoso, creador del cielo y de la tierra?, ¿crees en Jesucristo?, ¿su único Hijo? ¿nuestro Señor?, y así sucesivamente.

Según Justo Gonzaléz, "era costumbre en la iglesia antigua que cualquier persona que solicitara el bautismo pasara por un período de catecumenado, o instrucción religiosa… Al catecúmeno se le enseñó el credo, para afirmar en el bautismo, y el Padre Nuestro"[12]. Estas dos enseñanzas, junto con los diez mandamientos, probablemente eran la base del discipulado en la iglesia primitiva.

Aunque no fue escrito directamente por los apóstoles, el Credo proclama las verdades principales de la enseñanza apostólica de manera resumida, sustanciosa, y memorable. Es decir, al leer el Credo te vas a encontrar que cada línea tiene un sustento bíblico.

Cuando decimos que vamos a evangelizar, es decir, a compartir el evangelio, nuestra intención es normalmente predicar el plan de salvación, decirle a las personas que están bajo la condenación eterna por causa del pecado y que Cristo es la respuesta. Al finalizar les vamos a instar a que rindan su vida a Jesús para que escapen del castigo eterno. Cada una de estas afirmaciones, aunque pueden tener sustento bíblico, no constituyen el evangelio: el perdón de pecados viene como resultado del evangelio, más no es el evangelio (¡bajen las piedras y permítanme explicar un poco más!).

La palabra "evangelio" viene de la palabra griega *euangelion* y *evangel*, razón por la cual nos llamamos evangélicos. La palabra "salvación" viene de la palabra griega *soteria*. Para nosotros estas dos palabras han venido a ser equivalentes y, es por eso, que cuando leemos la palabra evangelio inmediatamente pensamos en salvación personal.

El evangelio no anuncia cómo escapar del infierno, sino que proclama la cercanía del reino de Dios y a su rey, Jesús. El evangelio anuncia la historia de Jesús, quien trae a resolución, le da cumplimiento y lleva a un clímax la historia de Israel. Como resultado de su obra en la cruz, Jesús lidia con nuestro pecado, nos redime, nos limpia; el Espíritu Santo nos permite experimentar un nuevo nacimiento y disfrutar de la vida bajo el reino que Dios ha inaugurado en Cristo. Pero no es una historia sobre nosotros. La proclamación central del evangelio es que Jesús es el rey, el centro de la historia de Dios en el mundo y quien ahora dirige nuestras vidas; y el salvador, quien paga por todo el mal que hemos hecho. Es su gracia y su amor el fundamento de mi identidad y el lugar donde se encuentra mi seguridad. Jesús mismo es la imagen en la que nos queremos convertir[13].

El evangelio está conformado por la historia de los eventos cruciales ocurridos en la vida de Jesucristo, por eso no tenemos cuatro evangelios, sino un evangelio en cuatro registros: Mateo, Marcos, Lucas y Juan. Cada uno de ellos describe quién es Jesús: su nacimiento, su ministerio, su muerte y su resurrección. Y esto es precisamente lo que hace el Credo de los Apóstoles.

Por último, quisiera puntualizar que el Credo nos ayuda a entender cómo la Escritura se aplica hoy, no necesariamente proveyendo respuestas específicas a todas nuestras preguntas, sino proporcionando una visión mucho más grande: quién es Dios y su obra creadora y salvífica en el mundo. Esta visión general nos permite apreciar y responder a nuestras circunstancias y contextos particulares, de manera consistente con el carácter de Dios y su obra redentora en la tierra.

En la práctica, los evangélicos latinoamericanos descartamos el Credo porque (a) lo asociamos con la Iglesia católica (aunque este fue escrito mucho antes de que la Iglesia católica existiera como institución) y (b) lo vemos como un acto de idolatría ya que hay quienes lo repiten continuamente. La invitación no es a orar el Credo. Lo que la Biblia sí señala es nuestra necesidad de recordar constantemente aquello en lo que creemos:

[12] *Por tanto, siempre estaré listo para* **recordaros** *estas cosas, aunque vosotros ya las sabéis y habéis sido confirmados en la verdad que está presente en vosotros.* [13] *Y considero justo, mientras esté en este cuerpo, estimularos* **recordándoos** *estas cosas,* [14] *sabiendo que mi separación del cuerpo terrenal es inminente, tal como me lo ha declarado nuestro Señor Jesucristo.* [15] *También*

> *yo procuraré con diligencia, que en todo tiempo, después de mi partida, podáis* **recordar** *estas cosas.*
> 2 Pedro 1:12-15

Son estas verdades las que (1) producen una vida de adoración (la fidelidad, amor y poder de Dios nos llevan a una vida de adoración) y (2) moldean el estilo de vida. Por ejemplo, si yo creo que hay mañana, no me gasto todo el dinero el día de hoy. Pero, si yo sé que no hay mañana, entonces le faltan horas al día para gastarme todo lo que tengo. Si yo creo que hay un juicio, no viviré en libertinaje. Si yo creo que tengo un Padre, todopoderoso, no buscaré atajos ni caminos torcidos porque él es quien me sostiene. Las decisiones que tomamos son un reflejo de lo que creemos. En otras palabras, lo que creo motiva mis acciones (miento a mi jefe porque, estoy convencido de que si soy transparente, me despiden) y explica mis reacciones y expectativas (me parece el colmo que mi hijo no me llame si el debe honrar a su madre).

¡Lo felicito si ha llegado hasta aquí! Ya hemos hecho el gran trabajo de comprender el porqué es importante revisar en qué creemos. Ya sabemos que el fundamento de la Iglesia es Cristo y la enseñanza apostólica. Ahora solo nos queda por delante revisar los pilares, las verdades que el Credo proclama. ¡Ojo! Nuestra tarea es revisar el fundamento, no construirlo (ya está puesto, Efesios 2:20). Así como no escogemos a nuestros padres biológicos, ni mucho menos les hemos dado autoridad sobre nosotros, lo mismo ocurre con la Escritura. Nuestra tarea es reconocer su autoridad y someternos a ella.

Espero que el mismo deleite que he sentido al comprender mejor los fundamentos de mi fe, sea también su experiencia. Este libro está enfocado en personas sin entrenamiento teológico formal que aman a Jesús y quieren comprender mejor las verdades que sostienen su fe. Al principio de cada pilar encontraremos (1) un texto bíblico, en el cual anclaremos la afirmación del Credo, seguido de (2) un estudio de dicho texto y su mensaje y (3) algunas conclusiones que muestran cómo la afirmación vista moldea y transforma nuestra vida como seguidores de Jesucristo, para finalizar con (4) tres preguntas sencillas de reflexión que lo moverán a vivir la fe de adentro (interiorizar) hacia afuera (exteriorizar). En otras palabras, abordaremos cada línea del Credo como un estudio bíblico, esperando que nuestro entendimiento sea iluminado; nuestras emociones, redireccionadas; y nuestra obediencia a Cristo, desafiada. Es bastante importante que si algún compañero de estudio (o trabajo) le pregunta: ¿me puedes resumir en qué creen los cristianos?, tenga la seguridad de usar el siguiente resumen para hablar de ello.

EL CREDO DE LOS APÓSTOLES

CREO EN
DIOS PADRE, TODOPODEROSO,
CREADOR DEL CIELO Y DE LA TIERRA.

Y EN JESUCRISTO,
SU ÚNICO HIJO, NUESTRO SEÑOR,
QUE FUE CONCEBIDO POR OBRA
Y GRACIA DEL ESPÍRITU SANTO,
NACIÓ DE MARÍA VIRGEN,
PADECIÓ BAJO EL PODER DE PONCIO PILATO,
FUE CRUCIFICADO, MUERTO Y SEPULTADO,
DESCENDIÓ AL HADES,
AL TERCER DÍA RESUCITÓ ENTRE LOS MUERTOS,
SUBIÓ A LOS CIELOS Y ESTÁ SENTADO
A LA DERECHA DE DIOS PADRE, TODOPODEROSO.
DESDE ALLÍ VENDRÁ A JUZGAR A VIVOS Y A MUERTOS.

CREO EN EL ESPÍRITU SANTO,
LA IGLESIA UNIVERSAL Y LA COMUNIÓN DE LOS SANTOS,
EL PERDÓN DE LOS PECADOS,
LA RESURRECCIÓN DE ENTRE LOS MUERTOS
Y LA VIDA ETERNA.

AMÉN.

CAPÍTULO 1
CREO EN

La primera palabra del Credo pone sobre la mesa un tema muy relevante en nuestros tiempos, la credulidad. Pero, ¿qué es creer? ¿Es posible vivir la vida sin creer en nadie o en nada? Espero que este capítulo responda estas y otras preguntas.

I. TEXTO

> [24] *Tomás, uno de los doce, llamado el Dídimo, no estaba con ellos cuando Jesús vino.* [25] *Entonces los otros discípulos le decían: ¡Hemos visto al Señor! Pero él les dijo: Si no veo en sus manos la señal de los clavos, y meto el dedo en el lugar de los clavos, y pongo la mano en su costado, no creeré.* [26] *Ocho días después, sus discípulos estaban otra vez dentro, y Tomás con ellos. Y estando las puertas cerradas, Jesús vino y se puso en medio de ellos, y dijo: Paz a vosotros.* [27] *Luego dijo a Tomás: Acerca aquí tu dedo, y mira mis manos; extiende aquí tu mano y métela en mi costado; y no seas incrédulo, sino creyente.* [28] *Respondió Tomás y le dijo: ¡Señor mío y Dios mío!* [29] *Jesús le dijo: ¿Porque me has visto has creído? Dichosos los que no vieron, y sin embargo creyeron.* [30] *Y muchas otras señales hizo también Jesús en presencia de sus discípulos, que no están escritas en este libro;* [31] *pero éstas se han escrito para que creáis que Jesús es el Cristo, el Hijo de Dios; y para que al creer, tengáis vida en su nombre.*
> Juan 20:24-31

La primera palabra que se registra en el Credo es "creo", así que comencemos explorando qué es "creer". Todos somos creyentes porque todos creemos en algo. Piensa en algunas de las creencias más raras que has escuchado u oído de otros.

Recientemente, he escuchado de la rumpología. Esta se denomina una ciencia, de ahí que tiene la terminación "logía," como en sociología. Sus proponentes afirman que se puede conocer cosas sobre el pasado y el futuro de una persona al mirar detenidamente el derrier (su parte trasera). Uno de los rumpologistas dice que si uno tiene el derrier plano comunica que se es vanidoso, negativo y triste; si es redondo, que la persona es feliz y optimista. Así las cosas, el hombre que mira fija y prolongadamente el derrier de una mujer no es morboso, es rumpólogo.

Si a usted le pasó lo mismo que a mí, lo primero que pensé fue "la gente sí cree locuras". La realidad es que todos creemos en algo, como cuando usted llega a una silla y se sienta. Usted no entra revisando si las patas están bien ajustadas, así como tampoco, antes de montarnos en un taxi, revisamos si el conductor realizó el curso para obtener su licencia. Sin este tipo de fe no funcionamos en la vida. Otra muestra de esto es cuando las personas depositan su confianza en alguien que les recomiendan, porque a sus amigos les funcionó. Gente que consume productos y confían en lo que el vendedor dice, pese a que ninguno es médico ni ha corroborado sus compuestos químicos. De lo anterior podemos concluir que todos somos creyentes. Todos deseamos o necesitamos poner la esperanza en algo o en alguien. Entonces, no es que hay gente que cree en cosas y gente que no, sino que las creencias de algunos son más evidentes. El creyente, por lo menos, es alguien que sabe en qué cree.

Lo invito a que revisemos en Juan 20:24-31[14]. En este texto se repite siete veces la palabra "creer", además de que nos provee tres facetas del "creer".

II. ANÁLISIS

FACETA 1: CREER ES ESTAR DE ACUERDO CON (AFIRMAR) ALGO

Aceptar algunas cosas como ciertas. Y es lo que Juan busca en los versículos 24-25. Los discípulos dijeron a Tomás, *Hemos visto al Señor*, pero Tomás respondió *si no veo, si no meto el dedo en las heridas de sus manos, si no meto la mano en la herida de su costado, no creeré.*

Nosotros creemos que Hitler existió. Creemos que hubo esclavitud. Lo creemos porque lo dicen los historiadores. Y eso es lo que busca Juan al escribir su evangelio: hay una persona histórica que vivió en el primer siglo. Tanto la Biblia, como otros historiadores del primer siglo, lo han confirmado. Juan quiere que concluyas que este Jesús que caminó en la tierra es el Hijo de Dios. El propósito es que la gente esté de acuerdo, afirme esto como verdad. En esta primera faceta estamos mirando que creer implica que hay alguien (usted) que cree en otra persona o entidad (Cristo, candidato político, su médico) sobre la base de algo (sus atributos, experiencia previa, confiabilidad, títulos, por ejemplo).

> [28] *Entonces le dijeron: ¿Qué debemos hacer para poner en práctica las obras de Dios?* [29] *Respondió Jesús y les dijo: Esta es la obra de Dios: que creáis en el que él ha enviado.*
> Juan 6:28-29

El historiador y científico Alister McGrath dice:

> Es sorprendente que un gran número de personas que dicen ser cristianos nunca van más allá de aceptar las verdades del cristianismo. Ellos creen que Dios está ahí pero nunca lo han conocido. Ellos creen que Dios es capaz de perdonar pecados, pero nunca han permitido que Dios les perdone los pecados. Ellos creen que Dios es confiable pero nunca confían en él. Para esta gente, la expresión 'yo creo' simplemente significa yo creo que hay un Dios en algún lugar[15].

Por eso creer es más que simplemente asentir o estar de acuerdo, esa es solo la primera faceta del "creer". En el versículo 25, los otros discípulos le dicen a Tomás: *¡Hemos visto al Señor!*

FACETA 2: CREER ES CONFIAR

Creer es confiar *...a menos de que yo ponga mis manos en su costado, yo nunca creeré* (v.25). Uno de los grandes errores es pensar que no tengo que involucrar mi voluntad al creer.

Tomás prácticamente dice "a menos que...escojo no creer". Para poder creer se necesita involucrar la voluntad. Teniendo claro que es Dios quien toma la iniciativa en la salvación, nosotros respondemos entonando la canción: "He decidido seguir a Cristo". Jesús le dijo a Tomás "no seas incrédulo, sino creyente." En otras palabras, "escoge creer".

Una cosa es saber que la silla me sostiene si me siento; otra muy distinta es sentarse en la silla. Una cosa es pensar y reconocer que Cristo es el Hijo de Dios; otra es reposar en él a tal punto que la vida entera descansa en su poder y soberanía. La fe que el evangelio produce es una invitación a reorientar nuestra voluntad humana más que a renunciar a ella. Si no pasamos a esta segunda faceta, tristemente, viviríamos igual que el mundo: atribulados, desesperados, huérfanos, estresados y deprimidos. La verdad de Dios produce adoración y descanso.

Personalmente, en este momento de mi vida me siento muy desafiado por esta segunda faceta del creer. Siento que sé numerosas cosas sobre quién es Dios (no que las sepa todas), pero me cuesta sentarme en la silla y descansar. Así como relata Marcos en su evangelio, poder dormir en medio de una tormenta, confiado en el control total y absoluto del Padre, en vez de entrar en desesperación (Marcos 4:35-41). McGrath dice:

> Dios ha demostrado de manera pública su poder y amor por nosotros en la cruz de Cristo. La fe es nuestra respuesta. Es nuestro compromiso dejarlo estar presente, guiarnos, apoyarnos y desafiarnos. Dejar que gobierne cada aspecto de nuestra vida. Es rendirse para que Cristo entre a nuestra vida no solo como visita, sino como Señor[16].

Eso es lo que Juan busca a través de lo que ha escrito en su evangelio.

> [30] *Y muchas otras señales hizo también Jesús en presencia de sus discípulos, que no están escritas en este libro;* [31] *pero éstas se han escrito para que* **creáis** *que Jesús es el Cristo, el Hijo de Dios; y para que al* **creer**, *tengáis vida en su nombre.*
> Juan 20:30-31

FACETA 3: CREER ES RENDIRSE

Mi Señor (tú reinas, tú gobiernas, tú tienes autoridad sobre mi vida) y mi Dios (confío en ti para mi salvación, muerte, vida — v.28).

Cuando afirmamos que creemos en Dios, decimos (1) que estamos de acuerdo con un conjunto de verdades; (2) que confiamos en esas verdades y por eso podemos descansar; y (3) que Dios es el centro y dueño de nuestra vida. Eso es lo que nos diferencia de aquellos que dicen que creen en Dios, pero viven como les place. Muchos dicen "yo creo en Dios a mi manera", "yo puedo elegir cómo vivir". NO. La voluntad de Dios no es un menú del que escojo qué quiero creer o qué quiero rendir o qué quiero entregar. Para Dios solo hay una manera de vivir, lo demás es desobediencia a su Palabra. Por eso, la rendición es la expresión más tangible de nuestra fe en Dios.

Si queremos entender lo que es la fe (*pistis* en griego), debemos comenzar por decir que es un término bastante rico en significado. Aunque es cierto que *pistis* tiene un fuerte componente cognitivo (el conjunto de verdades que creemos), los judíos en el tiempo de Pablo también la usaban para hacer alusión a su lealtad al pacto. La idea central que *pistis* comunica es confianza, pero es una confianza que lleva a la rendición. Esto es lo que observamos en el gran pabellón de la fe que nos presenta Hebreos 11. No podemos divorciar la fe de las obras o de la "fidelidad expresada mediante acciones concretas", como dos entidades separadas. Aun cuando Pablo las pone, en ocasiones, en contraposición, él no quiere decir que la fe es opuesta a las obras o que la fe no produce obras. Pablo lo expresa bien en Efesios 2: *8 Porque por gracia habéis sido salvados por medio de la fe, y esto no de vosotros, sino que es don de Dios; 9 no por obras, para que nadie se gloríe. 10 Porque somos hechura suya, creados en Cristo Jesús para hacer buenas obras, las cuales Dios preparó de antemano para que anduviéramos en ellas.* Las obras no nos hacen merecedores de la salvación; sin embargo, fuimos creados para hacer obras. La fe auténtica produce obras, así como un árbol da fruto o un viñedo produce uvas. Santiago nos advierte en contra de tener la fe de los demonios, quienes creen en quién es Dios, pero carecen de obras que confirmen dicha fe (2:15-20). Más bien, según Santiago, la evidencia de salvación se muestra a través de obras concretas, tal como ocurrió con Abraham (2:21-24) y Rahab (2:25-26).

La fe es la respuesta esperada y apropiada del creyente a Dios; es la orientación de todo nuestro ser hacia él; y es la muestra de nuestra dependencia de Cristo. La fe huele a compromiso y se viste con el color vivo de la rendición, a tal punto que, en el peregrinaje de la vida, sería imposible no percibir su olor y su color.

III. APLICACIÓN

LOS QUE NO CREEN EN CRISTO

Probablemente dicen "yo no puedo conscientemente estar de acuerdo con estas verdades". No le puedo negar que, así como Juan en su evangelio, yo también quiero que crea que Jesús es el Hijo de Dios y que tenga vida. Pero los creyentes sabemos que no es nuestra tarea convencerlo. Esa es la obra del Espíritu Santo. Es necesario clarificar que los cristianos no somos los únicos que tenemos la capacidad de creer. Sería bueno que se hiciera las siguientes preguntas: ¿Por qué no creo?, ¿será que Dios me ha estado hablando a través de las circunstancias y de otras personas, pero me rehúso a creer?, ¿mi duda está asociada con la pregunta que le hizo Jesús a Tomás: ¿Qué es lo que hay en tu voluntad que no te permite creer?, ¿será que saber que su vida tendría que cambiar si Cristo es el Señor de ella, es lo que le lleva a la incredulidad?

¿Qué aceptaría como evidencia de que Dios le está hablando? Por lo menos, Tomás tenía claro que la evidencia que él necesitaba era meter los dedos en el costado. No obstante, hay gente que incluso, si les cae fuego del cielo, han decidido no creer. En la Biblia hay un relato en el que el profeta Elías desafía a los profetas de Baal, un dios falso que Israel estaba adorando. Los profetas de Baal ven caer fuego del cielo y aun así no vienen al arrepentimiento. Se esperaría que al caer fuego del cielo se arrepintieran y reconocieran al Dios de Israel como único y verdadero. A veces no tenemos claro qué evidencias aceptaríamos como prueba de que Dios existe. En los evangelios tenemos el caso de los líderes judíos que preguntan a Jesús, *¿Qué señal nos muestras para que te creamos?*, inmediatamente después de haber alimentado 5000 hombres con dos peces y cinco panes (Juan 6:30).

LOS QUE HAN CREÍDO

Las verdades que decimos creer tienen que tocar cada fibra de nuestro ser. Es aquí donde el tiempo con Dios es importante. El Espíritu Santo, en esos momentos de reflexión, hace vivas las verdades registradas en la Escritura. Marcos 8:31-38 presenta una escena chocante: Pedro llama aparte a Jesús y lo reprende , para Pedro resultaba inaceptable lo que Jesús estaba diciendo, ya que iba no satisfacía sus expectativas mesiánicas. De la misma forma, cuántas veces hemos llamado aparte a Jesús para decirle: "venir al estudio bíblico sí pero, perdonar no".

Si al comer se intoxica, tomar suero rehidratante y aplicarse inyecciones le puede ayudar a eliminar esta enfermedad. Creer solamente que un tratamiento lo puede mejorar, sin tomar los medicamentos, no es suficiente. Si todos estamos intoxicados por el pecado, necesitamos tomarnos todo lo que Cristo nos ha prescrito en su Palabra. Es allí donde encontramos el diseño de Dios para que vivamos como su pueblo.

LOS QUE SE HAN RENDIDO

Si en realidad conocemos a Cristo, se supone que estas verdades son las premisas que dirigen nuestra vida. Tomás solo creyó cuando tuvo un encuentro con Jesús. Las tres facetas de la fe en este texto nos muestran que para Tomás no fue suficiente el testimonio de sus compañeros de ministerio. Al igual que los otros discípulos, Tomás necesitaba ver personalmente a Jesús. Hoy nosotros podemos escuchar muchas predicaciones, ir a la iglesia y hasta haber nacido en un hogar cristiano. Pero si no tenemos un encuentro personal con el Señor, estaremos como Tomás que, aunque caminó con Jesús, no creía en su resurrección.

Surge entonces una pregunta: ¿cómo podemos ver al Señor resucitado? Es pasar de simplemente tener ideas sobre Dios a creer en Dios, al punto de estar dispuesto a dar su vida por él. Este tipo de fe, creer en Jesucristo, es un regalo de Dios. Se necesita la obra del Espíritu Santo, quien convence al no creyente de pecado, justicia y juicio (Juan 16:8), para que este pueda venir a Cristo. Así que, como lo expresa Erickson:

La conversión se refiere a la respuesta del ser humano a la oferta de salvación... La regeneración es el otro lado de la conversión. Es Dios quien actúa [primero]. La regeneración se puede definir como impartir vida divina al alma...impartir una naturaleza nueva...un corazón nuevo... [que le permite al ser humano responder a la proclamación del evangelio][17].

IV. PRÁCTICA

Ahora, lo invito a pensar y responder algunas preguntas:

Afirmar

1. Después de haber leído este capítulo, ¿podría escribir a continuación su propio concepto de qué es creer?

....

....

....

....

....

....

....

Descansar

2. Se proponen dos maneras de crecer en la fe: Pedirle a Dios que se revele a nuestra vida y estudiando la Palabra de Dios. ¿Está practicando alguna de estas dos formas? ¿Está interesado en estudiar de manera profunda la Palabra de Dios?

....

....

....

....

....

....

....

Si su respuesta es sí, le sugiero que contacte a su iglesia local (o se una a algún grupo cristiano de estudio bíblico) y pida orientación al respecto.

Rendir

3. ¿A cuál de sus hermanos en la fe animaría a que se vincule en un estudio formal de la Palabra de su iglesia? Escríbalo a continuación. Ore por esta persona y que sea un propósito.

....

....

....

....

....

....

....

CAPÍTULO 2

DIOS, PADRE, TODOPODEROSO, CREADOR DEL CIELO Y DE LA TIERRA

En el capítulo anterior aprendimos que todos creemos en algo. En ese sentido, todos somos creyentes. Creer es estar de acuerdo con algo o alguien, confiar y rendirse al dueño de la verdad. Ahora, el Credo parte de la base de la credulidad, pero, ¿en qué creemos? ¿A qué nos debería llevar creer en Dios como el Todopoderoso? Espero que este capítulo responda estas y otras preguntas.

I. TEXTO

> ⁴ Por tanto, en cuanto a comer de lo sacrificado a los ídolos, sabemos que un ídolo no es nada en el mundo, y que no hay sino un solo Dios. ⁵ Porque aunque haya algunos llamados dioses, ya sea en el cielo o en la tierra, como por cierto hay muchos dioses y muchos señores, ⁶ sin embargo, para nosotros hay un solo Dios, el Padre, de quien proceden todas las cosas y nosotros somos para él; y un Señor, Jesucristo, por quien son todas las cosas y por medio del cual existimos nosotros.
>
> 1 Corintios 8:4-6

El Credo aclara quién es Dios y cómo hemos llegado al conocimiento de él. Aunque no podemos conocer a Dios plenamente porque él es infinito, Dios se ha revelado a través de la Biblia y más claramente por medio de Cristo. En el contexto de este pasaje, Pablo habla sobre el desorden en el culto y la idolatría. Según el apóstol, la solución al problema es aclarar quién es el verdadero Dios. Quisiera que nos enfocáramos en lo que Pablo habla acerca de esto.

II. ANÁLISIS

REVELACIÓN (HAY UN SOLO DIOS)

El ser humano fue creado con un sentido eterno/divino en su corazón que se aquieta dentro de él/ella siendo idolatra, perverso y ambicioso. De ahí que algo va a gobernar su vida, va a adorar a Dios o a un dios. Va a tener que servir a alguien. Pablo dice: estos ídolos no tienen existencia, pero toman vida en nuestra vida (1 Corintios 8:5-6). Un ídolo es aquello que roba el primer lugar a Dios, que se ubica en el centro de la vida, ofreciendo identidad y sentido. Para los lectores de la carta era el panteón, la lista extensa de dioses griegos y romanos. Y para nosotros, puede ser la familia, el trabajo, el éxito, la comodidad.

Si en el tema anterior afirmamos que todos somos creyentes, este pasaje nos recuerda que todos somos adoradores y nos convertimos en aquello que adoramos. Cuando el trabajo y el éxito son los ídolos de nuestra vida, nos cuesta descansar, somos esclavos del trabajo. Si es el dinero, nos preocupamos porque no se acabe, por tener más, somos avaros y pensamos poco en los demás. Si es aprobación, vivimos para no hacer enojar a nadie o manipulamos para presentar una imagen maquillada de lo que somos. El evangelio anuncia la llegada del Rey. El ser humano conoce a Dios cuando él se revela, es decir, despierta su consciencia y expone su pecaminosidad mediante la obra de Jesucristo. Es una invitación para que deje a esos dioses, adore a Dios y sea transformado a su imagen. Lo que hace el pecado es deteriorar y distorsionar la imagen de Dios en nosotros, mientras que cuando adoramos al Dios verdadero su imagen se restaura en cada uno. Para nosotros, dice Pablo, solo hay un Dios, y este Dios es un Padre.

ADOPCIÓN (EL PADRE)

Jesús entendió su relación con Dios como la de un hijo a un padre lo cual se evidencia en el bautismo y en la voz en el monte de la transfiguración. A Jesús lo llamaron blasfemo por declararse Hijo de Dios. Ser creyentes es ser traídos a la relación y posición de Cristo con el Padre. Claro, Cristo es hijo por ser de la misma naturaleza, nosotros por gracia y por adopción. La identidad del creyente está ligada a la adopción; hemos pasado de ser huérfanos o esclavos a ser hijos.

Pues no habéis recibido un espíritu de esclavitud para volver otra vez al temor, sino que habéis recibido un espíritu de adopción como hijos, por el cual clamamos: ¡Abba, Padre!
Romanos 8:15

J. I. Packer dice:

> Si quieres saber qué tan bien una persona entiende el cristianismo, mira qué tanto aprecia el hecho de ser hijo de Dios y tener a Dios como Padre. Este debe ser el pensamiento que promueve la adoración y la oración y controla y gobierna cómo ve su mundo alrededor. La adopción es el mayor privilegio que el evangelio ofrece[18].

No debe sorprendernos que el apóstol Pablo use el término "hermanos" con mucha más frecuencia que cualquier otro término, por ejemplo "santos" o "creyentes", para referirse al pueblo de Dios.

El Espíritu nos convence y nos confirma que somos hijos de Dios (Romanos 8:16; Gálatas 4:6). Tal como lo dice Juan en su evangelio: *a los que creen en su nombre les dio el derecho de ser hechos hijos de Dios* (1:12). Jesús ve como una prioridad de su ministerio revelar al Padre y llevar a sus discípulos a que le oren en su nombre. Efesios 2:18 y 22 presentan el acceso al Padre como el privilegio más grande del creyente. Sin embargo, este no es el único sentido en que la Biblia se refiere a Dios como Padre. Estos otros énfasis hemos tratado de resumirlos en el siguiente gráfico. Para efectos de este capítulo nos enfocaremos en el Padre que adopta y más adelante (al final de este capítulo) volveremos al tema del Padre creador.

Todos los que creen en Jesús
(Jn 1:12; Ga 4:4-7; Rm 8:15-16)

Todos los vivientes
(Hch 17:22-28)

DIOS PADRE DE...

Jesús
(Jn 1:14,18; 5:19-23; 1 Jn 4:14-15)

Israel
(Dt 32:6; Is 63:16; 64:8; Ml 2:10)

El autor de Hebreos dice que Cristo no se avergüenza de llamarnos hermanos. La adopción, ser hijos de Dios, es la nueva identidad que ahora recibimos. Nuestra identidad no se define por cuánto dinero tenemos, ni tampoco por cuántos títulos adquiramos. Mi identidad no es lo que las personas dicen de mí, no es lo que yo pienso de mí, sino lo que el Señor ha dicho de mí: él dice que me ha hecho su hijo por medio de la adopción.

¿Por qué la gente adopta? En la mayoría de los casos, las personas adoptan porque no tienen hijos y hay una necesidad en ellos de ser padres. De acuerdo con el Diccionario de la Real Academia Española, adoptar es "tomar legalmente en condición de hijo al que no lo es biológicamente"[19]. Preferiblemente, los niños son adoptados cuando son bebés. Es muy rara la adopción de adolescentes o adultos (dudo mucho que alguien a estas alturas me adoptara).

La adopción existía en el tiempo en el que Pablo escribió y era practicada por los griegos y romanos. En la ley judía no aparece el concepto de adopción tal como lo conocemos hoy. Por ejemplo, en los diez mandamientos no dice: "y adoptarás" (aunque existía una atención especial por los huérfanos). En el mundo de Grecia y Roma, la adopción era según Erin H. Heim:

> El medio a través del cual se instalaba a un hijo (raramente una hija) en una familia (no de nacimiento) a través de un decreto legal, que reflejaba la relación entre un padre natural y un hijo. Hay una conexión importante entre la adopción y la herencia, pues el propósito era asegurar que un heredero idóneo llegara a tomar el nombre del padre, sus responsabilidades del culto (este se convertía en el sacerdote de la casa) y sus bienes[20].

El proceso de adopción requería de ciertas personas (el padre natural, el padre adoptivo, el adoptado y un testigo): el padre adoptivo paga y el adoptado es liberado (emancipación). Bajo la ley, la adopción era un nuevo nacimiento, incluyendo un nuevo certificado, nombre y apellido. A partir de ese momento, el hijo pertenecería a otra casa. La identidad del individuo dependía de los grupos con los cuales estaba conectado: el pueblo/ciudad, tribu y la casa a la que pertenecía. Las deudas, si se tenían, quedaban completamente canceladas cuando se era adoptado, pues la antigua identidad dejaba de existir.

La adopción siempre ha estado bajo la potestad del padre; el padre es quien decide dar en adopción y recibir en adopción. La adopción nunca ha sido decisión del adoptado. Ningún padre va a un orfanato para que un bebé lo escoja; el padre siempre es quién escoge al hijo. En el evangelio de Juan es claro: *no me elegisteis vosotros a mí, sino que yo os elegí a vosotros* (Juan 15:16). Según Mary Beard, en el mundo del primer siglo, un individuo es considerado "humano" o sujeto con derechos cuando el padre lo reconoce como miembro de su casa, pues era del padre de la casa de quien recibía su estatus, valor, rol y propósito en la vida[21]. Es este derecho y potestad de ser *hijos de Dios* que nos ha sido dado a través de Cristo. Pero bueno, ¿falta un testigo? Y sí que lo hay.

[14] Porque todos los que son guiados por el Espíritu de Dios, los tales son hijos de Dios. [15] Pues no habéis recibido un espíritu de esclavitud para volver otra vez al temor, sino que habéis recibido un espíritu de adopción como hijos, por el cual clamamos: ¡Abba, Padre! [16] El Espíritu mismo da testimonio a nuestro espíritu

de que somos hijos de Dios, [17] y si hijos, también herederos; herederos de Dios
y coherederos con Cristo, si en verdad padecemos con él a fin de que también
seamos glorificados con él.
Romanos 8:14–17

En el mundo antiguo, el emperador Claudio ya tenía un hijo, Británico. En búsqueda de un heredero idóneo para sucederlo en el trono, Claudio adoptó a Nerón. Tan pronto pudo, Nerón se deshizo de Británico. Dios no nos adopta por necesidad, porque Él tiene un heredero intachable, a quien entrega para adoptarnos. En el primer siglo, se adoptaban personas que no tuviesen fallas: sabios, individuos fornidos físicamente, gente que le sumara al nombre de la familia. Pero, cuando vemos a quiénes Dios ha adoptado, notamos que no escogió a los más sabio del mundo, ni a los más fuerte, ni a los más atractivos (1 Corintios 1:28). Por el contrario, el Padre nos adoptó conociendo que le restaríamos valor a su nombre y no viviríamos conforme a los estándares de la casa a la cual pertenecemos. El Padre nos adoptó sabiendo lo que se llevaba. Y este es el más grande privilegio que tenemos: ser hijos de Dios.

Gracias a la obra de Jesús, la adopción nos permite disfrutar de una relación de pacto con Dios, en la cual podemos gozar de su amor incondicional (Romanos 8:28-39). El amor incondicional que existe en esta relación de pacto es diferente al cuidado que el Padre tiene de la creación en general: Dios *hace salir el sol sobre buenos y malos y su lluvia sobre justos e injustos* (Mateo 5:43-48).

TODOPODEROSO (SOBERANO)

[5] *Venid y ved las obras de Dios, admirable en sus hechos a favor de los hijos*
de los hombres. [6] *Convirtió el mar en tierra seca; cruzaron el río a pie;*
regocijémonos allí en él. [7] *Él domina con su poder para siempre; sus ojos velan*
sobre las naciones; no se enaltezcan los rebeldes.
Salmo 66:5-7

¡Ah, Señor DIOS! He aquí, tú hiciste los cielos y la tierra con tu gran poder y con
tu brazo extendido; nada es imposible para ti.
Jeremías 32:17

El Credo usa el término todopoderoso. Comúnmente se entiende que la afirmación de que Dios es todopoderoso se refiere a su omnipotencia, a que tiene la capacidad y poder de hacer todo lo que se propone. Sin negar esto, se debe entender que el término griego empleado en el credo apostólico *(pantokrator)* se refiere a que Dios Padre es soberano absoluto, gobernador de todo. Esta afirmación era tan importante para la Iglesia en los primeros siglos, como lo es hoy. Por ejemplo, Marción (siglo II), como algunas personas hoy, negaba que el Dios que gobierna el orden físico en el cual vivimos fuera el mismo Dios Padre, diferenciando entre el orden espiritual regido por Dios y el mundo material que existe por fuera de su voluntad. Algunos creyentes piensan que Dios y Satanás tienen el mismo poder, pero que son antagónicos: uno representa el bien y el otro, el mal. Pero Dios es soberano sobre todo.

CREACIÓN (DE QUIEN PROCEDEN TODAS LAS COSAS)

1. Creemos en Dios.
2. El Padre.
3. Todopoderoso.
4. De quien provienen todas las cosas.

Los cristianos creemos que las cosas buenas que experimentamos aquí y ahora son solo una degustación de lo que será el menú completo. Si creemos en esta visión del mundo (presente y futuro), la gente va a ridiculizarnos. No te van a dar argumentos, simplemente se van a burlar de tu fe, porque dicen: "hay que ser progresistas y no estar anclados al pasado". No tenemos que (1) asombrarnos de que este sea el caso y (2) no debemos estar a la defensiva.

Si no hay un Creador del cielo y de la tierra:

1. No hay propósito y sentido en la existencia humana. Todo es un accidente. No hay diseño. Cada experiencia y realidad es simplemente una combinación de químicos.
2. No habría belleza. Para que exista belleza tiene que haber propósito. En un concierto la diferencia entre ruido y melodía es que hay alguien organizando y orquestando todo.
3. No habría moralidad. Nadie puede decir, "deberías". Diríamos "esto es lo que hay", pero no "esto es lo que debería pasar u ocurrir". No podríamos decir esto es malo o bueno porque con qué punto de referencia se entiende que algo es bueno o no lo es. Así las cosas, todo el mundo tiene su verdad, ya que no existe una verdad objetiva.
4. No hay gloria en el ser humano. El ser humano es la imagen de Dios en la tierra, este existe para representar y reflejar el carácter de Dios en cada una de sus relaciones. El ser humano entiende que hay un *telos* o un fin para el cual fue diseñado, y dicho propósito ha sido establecido por su creador. Sin embargo, sin este punto de referencia, el ser humano simplemente existe, y todo lo que emprende carece de propósito.

Si Dios no es el creador, ¿cómo la nada creó algo? Y, aún más determinante, ¿cómo lo creado tiene un diseño inteligente que evidencia propósito e interrelación entre distintos ambientes (cielo, mar y tierra)? Estas son las preguntas que deben resolver quienes afirman que no hay un creador. Algo crea algo, la nada no crea algo. De hecho, el verbo *bara* (crear), usado en Génesis, no se emplea nunca con el ser humano como sujeto. Es decir, el único que "crea" de la nada es Dios. Para el creyente, Dios todo lo sabe (es omnisciente) y, por eso, el mundo tiene un diseño inteligente; Dios es justo y, por eso, hay un orden moral que gobierna el universo. Al notar estas realidades en nuestro mundo, muchos científicos afirman que el universo apunta a la existencia de un creador[22].

Si no hay un creador, entonces el universo vino a existir como resultado de un gran error. Pero sería un mayor error aún pensar que todo cuanto es, en el universo físico y en el mundo espiritual, no le debe al Dios creador su existencia (Juan 1:3; Colosenses 1:16-17). Para los creyentes, esto no es un gran error: nosotros tenemos propósito y sentido; nuestras decisiones tienen importancia y trascendencia; podemos hablar de correcto e incorrecto, lo que deberíamos hacer y lo que hay que evitar. El ser humano tiene dignidad al ser portador de la imagen de Dios.

Quienes piensan que la perspectiva bíblica es cosa del pasado y, por lo tanto, reducen al ser humano a químicos y células, lo que han logrado es liberar a la humanidad de la responsabilidad de actuar como seres humanos. Para poder exterminar a otros seres humanos, se debe concluir que el otro no es portador de la imagen de Dios, sino que es simplemente un compuesto de químicos y células. Uno de los principios de la teoría de la evolución sugiere que los más fuertes deben sobrevivir, sin embargo, existen especies débiles junto a fuertes, esto lleva a un equilibrio en los ecosistemas. Pensar que solo los fuertes sobreviven no permitiría dar nuestra vida por alguien más débil y permanecer al lado de una esposa estéril, lo cual no ayuda a perpetuar la raza humana, sería inconsistente. Un científico que trabaja incansablemente por desarrollar una cura contra el cáncer pierde su tiempo. Después de todo, lo que hace es luchar contra la madre naturaleza, la cual de manera natural selecciona a los más fuertes para que sobrevivan. Pero para el creyente, todos estos esfuerzos valen la pena, porque el ser humano es portador de la impronta divina, al punto que Cristo, el fuerte, murió por los débiles.

Christopher M. Hays dice:

> El hecho de que las redes de pesca solo capturen peces de ciertos tamaños, no niega la existencia de peces más grandes. Simplemente las redes están diseñadas para pescar cierto tipo de peces. El hecho de que las leyes de la ciencia no logren explicar a Dios no significa que Dios no exista, significa que las redes no han sido diseñadas para capturar un pez de esa magnitud[23].

Alister McGrath, biofísico y actualmente profesor de la universidad de Oxford, dice "la fe no va en contra de la evidencia, va más allá de la evidencia". Después de denominarse ateo, McGrath puso su fe en Jesucristo: porque las creencias del cristianismo eran las únicas que explicaban bien (1) lo que estaba mal con el mundo y (2) concordaban con las profundas aspiraciones de su alma. Él se da cuenta que las cosas que nos hacen sentir más plenos no tienen explicación lógica. Piensa por ejemplo en cómo una persona deja la comodidad y costumbre de su casa para unirse a otra persona. La alegría y el dolor profundo que viene con el dar a luz. Usamos la lógica, pero operamos más allá de ella.

III. APLICACIÓN

Adoramos al Padre por:

1. El poder que usa para nuestro bien y para sostener el universo, no para oprimir al pobre y acabar al desamparado.
2. El amor que nos da a todos sus hijos. *Mirad cuán gran amor nos ha otorgado el Padre, para que seamos llamados hijos de Dios; y eso somos. Por esto el mundo no nos conoce, porque no le conoció a Él* (1 Juan 3:1).
3. La creatividad con la que ha hecho todas las cosas. Él es el mejor artista y más grande inventor en toda la historia.

IV. PRÁCTICA

Ahora lo invito a que piense y responda estas preguntas:

Afirmar

1. Escriba, según lo estudiado en este capítulo, ¿qué implicaciones tiene el hecho de haber sido adoptados por el Padre?

....

....

....

....

....

....

....

Descansar

2. Piense en la forma cómo Dios se ha mostrado a usted como un Padre. Escriba por lo menos cinco formas, por ejemplo: me ha provisto en tiempos de necesidad. Luego, ore dando gracias a Dios por la evidencia de su amor.

....

....

....

....

....

....

....

....

Rendir

3. ¿Cómo podría compartir con otras personas, de manera práctica, lo que ha conocido de Dios Padre? Descríbalo a continuación.

....

....

....

....

....

....

....

....

CAPÍTULO 3

JESUCRISTO,
SU ÚNICO HIJO, NUESTRO SEÑOR

La primera línea del Credo presenta a Dios como el Padre Todopoderoso creador de todo lo que existe. Su amor paternal y su increíble poder creador nos llevan a responder con una vida de adoración. El Credo en su siguiente línea nos presenta a Cristo, nos preguntamos, ¿en qué sentido el Antiguo Testamento apunta a Cristo?, ¿cómo el Credo nos ayuda a entender la doctrina de la trinidad? Espero que este capítulo responda estas y otras preguntas.

I. TEXTO

> [4] *Siempre doy gracias a mi Dios por vosotros, por la gracia de Dios que os fue dada en Cristo Jesús,* [5] *porque en todo fuisteis enriquecidos en él, en toda palabra y en todo conocimiento,* [6] *así como el testimonio acerca de Cristo fue confirmado en vosotros;* [7] *de manera que nada os falta en ningún don, esperando ansiosamente la revelación de nuestro Señor Jesucristo;* [8] *el cual también os confirmará hasta el fin, para que seáis irreprensibles en el día de nuestro Señor Jesucristo.* [9] *Fiel es Dios, por medio de quien fuisteis llamados a la comunión con su Hijo Jesucristo, Señor nuestro.*
> 1 Corintios 1:4-9 (LBLA)

II. ANÁLISIS

Google confirma en sus busquedas que Jesús es el personaje más famoso de la historia. A diferencia de los artistas que buscan la fama, Jesús es conocido por su legado e influencia: colegios, orfanatos, universidades, películas, canciones, enseñanzas, el arte, obras de teatro, sin mencionar que las festividades más importantes en el mundo occidental giran alrededor de los eventos centrales en la vida de Jesús. Si la persona de Cristo es tan central, entonces, ¿quién es él? Así no crean en su divinidad, las demás religiones tienen una postura frente a Cristo. El islam, por ejemplo, lo reconoce como un gran profeta, pero niega que es Dios. Los escépticos dicen que es un mito. Algunos piensan que es el arcángel Miguel; otros que es el hermano bueno de Satanás, al estilo de Thor y Loki (dioses nórdicos y personajes de una película). De hecho, no hay ninguna novedad en que la gente tenga varias versiones sobre la identidad de Cristo:

> ¹³ *Cuando llegó Jesús a la región de Cesarea de Filipo, preguntó a sus discípulos, diciendo: ¿Quién dicen los hombres que es el Hijo del Hombre?* ¹⁴ *Y ellos dijeron: Unos, Juan el Bautista; y otros, Elías; pero otros, Jeremías o uno de los profetas.* ¹⁵ *Él les dijo: Y vosotros, ¿quién decís que soy yo?* ¹⁶ *Respondiendo Simón Pedro, dijo: Tú eres el Cristo, el Hijo del Dios viviente.*
> Mateo 16:13-16

La preocupación de Jesús no es usar un megáfono y esclarecer ante todos los confundidos de su época que él es esto y no aquello; su preocupación es que sus discípulos lo tengan claro. La línea del Credo, basada en 1 Corintios 1:4, aclara esta pregunta dando tres afirmaciones: (1) Cristo, (2) El Hijo de Dios y (3) nuestro Señor.

1. CRISTO

> ²⁰ *Pero mientras pensaba en esto, he aquí que se le apareció en sueños un ángel del Señor, diciendo: José, hijo de David, no temas recibir a María tu mujer, porque el niño que se ha engendrado en ella es del Espíritu Santo.* ²¹ *Y dará a luz un hijo, y le pondrás por nombre Jesús, porque él salvará a su pueblo de sus pecados.*
> Mateo 1:20-21

El nombre "Jesús" significa "Dios salva". Cristo no es el apellido de Jesús, sino un título. Veamos lo que explica Juan: ⁴⁰ *Uno de los dos que oyeron a Juan y siguieron a Jesús era Andrés, hermano de Simón Pedro.* ⁴¹ *Él encontró primero a su hermano Simón, y le dijo: Hemos hallado al Mesías (que traducido quiere decir, Cristo)* (Juan 1:40-41). Mesías en hebreo es Cristo en griego. La palabra mesías significa "el ungido". Los líderes principales en el Antiguo Testamento fueron ungidos con aceite para mostrar que habían sido apartados para cumplir una misión específica. Era una señal de la bendición de Dios sobre ellos. Por ejemplo:

Y ungirás a Aarón y a sus hijos y los consagrarás para que me sirvan como sacerdotes.
Éxodo 30:30

Entonces Samuel tomó el cuerno de aceite y lo ungió en medio de sus hermanos; y el Espíritu del SEÑOR vino poderosamente sobre David desde aquel día en adelante. Luego Samuel se levantó y se fue a Ramá.
1 Samuel 16:13

El Espíritu del Señor DIOS está sobre mí, porque me ha ungido el SEÑOR para traer buenas nuevas a los afligidos; me ha enviado para vendar a los quebrantados de corazón, para proclamar libertad a los cautivos y liberación a los prisioneros.
Isaías 61:1

Alister McGrath sugiere que el término mesías significa "el rey de Israel que Dios ha puesto." Al pasar el tiempo, el término vino a referirse a un libertador, un descendiente de David que restauraría a Israel al periodo de oro que tuvo durante el reinado de David[24]. De ahí que Jesucristo bien se podría traducir como "el rey Jesús". Nos encontramos en un reino en el que Cristo es rey. La buena noticia del evangelio es que hemos encontrado al Rey, y sus discípulos anuncian las buenas noticias de su reino. Tal como lo expresa Kevin J. Vanhoozer, para entender la misión redentora de Jesús:

Debemos situar su vida, muerte y obra en el contexto... de la relación de pacto de Dios con Israel y, en particular, los tres oficios que estructuraron [a Israel como] pueblo santo de Dios: el profeta, el sacerdote, y el rey[25].

¿Cuándo Jesús fue establecido como rey? Jesús viene a Juan, el profeta, para ser bautizado, así como venían los reyes ante el profeta en el antiguo Israel. En lugar de ser ungido con aceite, Juan lo bautiza con agua. Lo que vemos es la mezcla entre los símbolos del antiguo pacto (AP) y el nuevo pacto (NP) ratificando la transición: Juan como profeta (AP), el bautismo (NP), el Espíritu de Dios (AP y NP). No se necesita aceite pues el Espíritu desciende sobre Jesús y el profeta no necesita hablar, pues Dios mismo es el que habla: *¡Este es mi Hijo amado en quien tengo complacencia!* (Mateo 3:13-17). Las ceremonias en el antiguo Israel eran sombra y apuntaban a este momento. Por eso, en Jesús, todos estos elementos se ven de forma magnificada y sublime.

Después de su bautismo, Jesús entonces proclama que *el reino de los cielos* (y su rey) *se han acercado*. Más allá de este evento crucial de Mateo 3, el Espíritu de Dios y el bautismo son dos elementos que trascienden a los seguidores de Jesús, de quien se dice que bautiza con el Espíritu Santo. Es así como sus adeptos muestran su identificación con el nuevo reino establecido por Jesucristo, en quien se cumplen las profecías del Antiguo Testamento que anticipaban su venida.

Debemos leer el Antiguo Testamento sabiendo que la historia no termina allí, sino que apunta a Cristo. Ya que hemos visto el término Cristo (ungido, separado, el muy esperado libertador de la línea de David), veamos la segunda descripción.

2. EL ÚNICO HIJO DE DIOS

Nosotros no creemos, así como lo hacen algunos, que Jesús es el Padre y, por lo tanto, oraba consigo mismo. Para ellos, la misma persona se metió al armario tres veces: en el Antiguo Testamento (el Padre), en los evangelios (el Hijo) y del libro de Hechos en adelante (el Espíritu Santo). Jesús le oraba al Padre. En muchos versículos en el evangelio de Juan, Jesús dice que el Padre lo ha enviado (Juan 5:23, 36-37; 6:44, 57; 8:16, 18, 42; 10:36; 12:49; 17:21, 25; 20:21), así que Jesús no se envió a sí mismo.

Si Jesús no es el Padre y el Padre es Dios, ¿a qué nos referimos con que Jesús es Dios? Podemos resumir que hay un Creador, que es uno (único). No es humano ni es parte de la creación; él es eterno y existe en una categoria diferente a todo lo demás. Este creador ha revelado que se haya eternamente en las personas del Padre, el Hijo y el Espíritu Santo. Esto es lo que la iglesia vino a llamar la doctrina de la Trinidad (unidad de tres).

> *Id, pues, y haced discípulos de todas las naciones, bautizándolos en el nombre del Padre y del Hijo y del Espíritu Santo.*
> Mateo 28:19

En varios textos se puede ver que el término "uno" puede usarse en referencia a una unidad plural: *Y dijo Jehová: He aquí el pueblo es uno, y todos éstos tienen un solo lenguaje; y han comenzado la obra, y nada les hará desistir ahora de lo que han pensado hacer* (Génesis 11:6).

Jesús dice con claridad: *yo soy el Hijo de Dios* (Juan 10:36). En el contexto, la audiencia judía que escuchaba a Jesús lo consideraba blasfemo al hacer tal afirmación (Juan 10:31-33, 39). Es claro que los escritores identifican a Cristo como Dios:

¹ En el principio existía el Verbo, y el Verbo estaba con Dios, y el Verbo era Dios. ² Él estaba en el principio con Dios. ³ Todas las cosas fueron hechas por medio de él, y sin él nada de lo que ha sido hecho, fue hecho. ⁴ En él estaba la vida, y la vida era la luz de los hombres… ¹⁴ Y el Verbo se hizo carne, y habitó entre nosotros, y vimos su gloria, gloria como del unigénito del Padre, lleno de gracia y de verdad.
Juan 1:1-4, 14

Podemos recordar el texto en el que Tomás le dice a Jesús *mi Señor y mi Dios* (Juan 20:28), después de haber cuestionado su resurrección.

Robert Bowman resume los argumentos a favor de la deidad de Cristo con Honor, Atributos, Nombres, Obras y Silla[26].

· Honor: Jesús recibe el honor que solo le corresponde a Dios: espera que la gente lo honre, así como lo hacen con el Padre (Juan 5:23). Jesús aceptó adoración en contextos de devoción religiosa (Mateo 14:33; 28:17) y le dice a sus discípulos que oren a él y esperen que él responderá a sus oraciones (Juan 14:14). Jesús los animó a que pusieran su fe y confianza en él (Mateo 9:28; Juan 14:1) y demandó que lo amaran más que a sus familiares de sangre (Mateo 10:37; Lucas 14:26; Juan 14:15, 21; 15:10).

· Atributos: Jesús tiene atributos que son exclusivos de Dios. En una ocasión, Jesús dijo: *Si me han visto a mí, han visto al Padre* (Juan 14:7-10). Él le dice a sus discípulos que cuando se reúnan en su nombre, Él estará en medio de ellos, lo cual significa que es omnipresente (Mateo 18:20; 28:20). Además, Jesús promete a sus discípulos que estaría con ellos hasta el fin, y esta fue la promesa dada por Dios a distintos personajes en la Biblia (por ejemplo, Moisés, Josué, María, etc.). Jesús también afirma ser eterno, no tener principio o momento de ser creado, tal como lo vemos en los siguientes versículos:

⁵⁸ Jesús les dijo: En verdad, en verdad os digo: antes de que Abraham naciera, yo soy. ⁵⁹ Entonces tomaron piedras para tirárselas, pero Jesús se ocultó y salió del templo.
Juan 8:58-59

Y ahora, glorifícame tú, Padre, junto a ti, con la gloria que tenía contigo antes de que el mundo existiera.
Juan 17:5

Porque toda la plenitud de la Deidad reside corporalmente en él…
Colosenses 2:9

> ²⁴ *Pero Jesús, por su parte, no se confiaba de ellos, porque conocía a todos,* ²⁵ *y*
> *no tenía necesidad de que nadie le diera testimonio del hombre, pues él sabía*
> *lo que había en el hombre.*
> Juan 2:24-25

• Nombres: Jesús tiene los nombres de Dios: aparte de los títulos de "Señor" y "Dios", los "yo soy" son un eco del nombre de Dios en el Antiguo Testamento. Al mismo tiempo, Jesús se identifica como el "esposo" del pueblo de Dios, el cual era Jehová (nombre de Dios en el idioma hebreo que se traduce en nuestras versiones al español como Señor o Dios) en el Antiguo Testamento.

• Obras: Jesús hace obras que solo Dios puede hacer: Jesús tenía poder sobre las fuerzas de la naturaleza (Mateo 8:23-27; 14:13-33; Salmo 77:16-20; 104:4-9; 107:23-30). Pero aún más importante, Jesús se atribuye el derecho de perdonar pecados (Mateo 9:1-8; Marcos 2:1-12; Lucas 5:17-26). Jesús resucita muertos (Juan 5:28-29; 11:25-26); tiene la potestad de dar vida (Juan 5:21-26); y será el juez final de toda la humanidad (Mateo 16:27; 25:31-46; Juan 5:22-23). El Hijo ha estado activo en crear y sostener todas las cosas desde el principio (Juan 1:3, 10; 1 Corintios 8:6; Colosenses 1:16-17; Hebreos 1:2-3, 10).

Antes de Juan el Bautista ser decapitado, él envía mensajeros a preguntar a Jesús si él es o si deben esperar a otro (Lucas 7:20). Jesús no dice: "sí, yo soy". Él dice: *los ciegos ven...* (Lucas 7:22). En otras palabras, mis obras dicen quién soy.

• La silla de Dios: Jesús tiene autoridad sobre el universo (Mateo 28:18) y se sienta en el trono de Dios (Mateo 25:31; Marcos 12:36; Lucas 20:42-43).

Decir que Jesús es el Hijo de Dios es decir que Jesús es Dios:

> *Los judíos le contestaron: No te apedreamos por ninguna obra buena, sino por*
> *blasfemia; y porque tú, siendo hombre, te haces Dios.*
> Juan 10:33

> *Entonces, por esta causa, los judíos aún más procuraban matarle, porque no*
> *solo violaba el día de reposo, sino que también llamaba a Dios su propio Padre,*
> *haciéndose igual a Dios.*
> Juan 5:18

El título de "único" Hijo no hace referencia a origen o concepción; más bien resalta la relación única que tiene el Padre con el Hijo, quien actúa como su representante. En Juan 5:19, Jesús dice: *el Hijo no puede hacer nada por su cuenta, sino lo que ve hacer al Padre; porque todo lo que hace el Padre, eso también hace el Hijo de igual manera.*

Culturalmente, "la gran mayoría de los hijos heredaban la vocación de sus padres, al punto de decir 'de tal palo tal astilla'"[27]. El Hijo es el representante perfecto del Padre, entre los cuales hay una relación de amor y obediencia.

3. SEÑOR

Este es un término de autoridad: *que si confiesas con tu boca a Jesús por Señor, y crees en tu corazón que Dios le resucitó de entre los muertos, serás salvo* (Romanos 10:9). Si alguien es mi Señor, implica que estoy bajo el dominio de esa persona. Los cristianos en Corinto estaban bajo el dominio del "Cesar". Si Cristo era el Señor o amo de sus vidas, ellos eran sus siervos/esclavos. Tal como responde María cuando escucha el anuncio del ángel: *Entonces María dijo: He aquí la esclava del Señor; hágase conmigo conforme a tu palabra* (Lucas 1:38). Y esto implica que no tenían voz ni voluntad. Al hacerse discípulos de Cristo y someterse a su señorío se encontraban con el desafío que la sociedad los invitaba constantemente a traicionar ese señorío, participando del culto al emperador. Es bueno pensar en cuáles son las implicaciones del señorío de Cristo sobre nuestras vidas.

III. APLICACIÓN

Cuatro implicaciones al decir que Jesús es el Señor:

1. Cristo es el Señor, no usted (tome la cruz y muera a usted mismo). Vivimos en una cultura que promueve que seamos los dueños de nuestra vida y nuestro tiempo: "usted se lo merece" y "usted es el dueño de su propio destino". La realidad es que vivimos en un mundo obsesionado con la autonomía. La gente hoy solo quiere doblar sus rodillas ante ellos mismos. El evangelio, por otra parte, nos invita a morir al ídolo de nosotros mismos. El señorío de Cristo confronta nuestra autonomía. Demanda el reconocimiento que todo le pertenece a Cristo. Eso significa que él escribe su agenda. No significa hacer planes, añadir a Jesús al final y poner en su carro el sticker de Jesús, sino seguirle, de todo corazón y sin reservas.

2. Todo lo que tiene le pertenece a Cristo: la casa, el carro, el trabajo, su cuerpo. No hay nada que Jesús le pida que usted puedas decirle: "Mmm, déjame pensarlo." No puede aferrarse a las cosas como si fuesen suyas.

3. No tiene que ser el Señor: no tiene que controlar el mundo, no tiene que sostener el universo, no tiene que proteger sus éxitos, puede dejar la ansiedad que implica tener el control de su vida, de sus hijos y familiares. Él es un Señor que libera, que rescata. Por eso cuando escuchamos que Cristo es el Señor no debe sonar a esclavitud, sino a libertad. *Mi yugo es fácil y ligera mi carga*, afirmó Jesús

(Mateo 11:30).

4. La obediencia no es opcional: la obediencia equivale a amar a Cristo (Juan 14:15). La obediencia a Cristo tampoco debe ser vista como legalismo (serie de leyes y prohibiciones que desean cambiar las conductas y no transformar el corazón). La obediencia no se trata de hacer las cosas si las siento, es hacer las cosas. Es una decisión, así como lo vemos en Josué: ¹⁴ *Ahora pues, temed al SEÑOR y servidle con integridad y con fidelidad; quitad los dioses que vuestros padres sirvieron al otro lado del río y en Egipto, y servid al SEÑOR.* ¹⁵ *Y si no os parece bien servir al SEÑOR, escoged hoy a quién habéis de servir: si a los dioses que sirvieron vuestros padres, que estaban al otro lado del Río, o a los dioses de los amorreos en cuya tierra habitáis; pero yo y mi casa, serviremos al SEÑOR* (Josué 24:14-15). Josué dice al pueblo: si ustedes no van a servir al Señor, tengan claro a qué Dios están sirviendo. No se engañen a sí mismos, pensando que están sirviendo a Dios y a otros dioses al mismo tiempo, pues esto no es servir a Dios.

IV. PRÁCTICA

Ahora lo invito a que piense y responda estas preguntas:

Afirmar

1. ¿Qué implicaciones tiene vivir una vida sujeta a las demandas de Jesús como Señor?

....

....

....

....

Descansar

2. ¿Considera que le cuesta no tener el control de las situaciones de su vida? Jesús le invita a descansar en este sentido y entregarle el control de todo a él. Acepte su invitación y descanse. Exprésreselo en oración.

....

....

....

....

....

Rendir

3. ¿Hay personas en su familia o amigos cercanos que aún no conocen a Jesús como su Señor y Salvador?

....

....

....

....

....

CAPÍTULO 4

CONCEBIDO POR EL ESPÍRITU SANTO,
NACIDO DE LA VIRGEN MARÍA

Hasta ahora hemos dicho que creemos en el Padre y en Jesucristo, a quien se presenta como el rey, el Hijo único de Dios y el Señor; en ese sentido, él es dueño de todo, incluyendo nuestras vidas (con todo lo que eso implica). Pero, al hablar de la encarnación de Jesús, ¿qué entendemos por unión hipostática?, ¿cómo es posible que siendo 100% humano nunca haya pecado? Espero que este capítulo responda estas y otras preguntas.

I. TEXTO

> [18] Y el nacimiento de Jesucristo fue como sigue. Estando su madre María desposada con José, antes de que se consumara el matrimonio, se halló que había concebido por obra del Espíritu Santo. [19] Y José su marido, siendo un hombre justo y no queriendo difamarla, quiso abandonarla en secreto. [20] Pero mientras pensaba en esto, he aquí que se le apareció en sueños un ángel del Señor, diciendo: José, hijo de David, no temas recibir a María tu mujer, porque el Niño que se ha engendrado en ella es del Espíritu Santo.
>
> Mateo 1:18–20

II. ANÁLISIS

Algunos ven a Cristo con irreverencia (Cristo es simplemente un humano más, el crucificado) o con irrelevancia (él es Dios y está en su trono, pero eso a mí de qué me sirve). A menos que estemos pensando en la eternidad, nuestro enfoque está en el ya (temporalmente) y aquí (terrenalmente). Muchos tal vez pensamos que Cristo, al haberse encarnado, es relevante para enfrentar mis circunstancias actuales: "Cristo me entiende", sin tener asombro por su majestad. Muchos tal vez estamos fascinados con su majestad: "él es asombroso y todopoderoso", sin sentir que es cercano y compasivo con nosotros. Y esto es lo que enfatiza la línea del Credo del estudio 4: Concebido por el Espíritu Santo y nacido de la virgen María.

De acuerdo con el Credo, la obra de Cristo se puede resumir en tres grandes bloques:

a. Encarnación:	b. Sustitución:	c. Resurrección:
Dios se encarnó, entrando así en la materia, el tiempo y el espacio.	Soportó la muerte que nosotros merecíamos.	Venció sobre el pecado, la muerte y Satanás.

En este estudio hablaremos de la encarnación; en el estudio 5, de la sustitución; y en el estudio 6, de la resurrección.

La palabra encarnación viene de "carne", Dios toma carne y hueso. La encarnación implica que el Dios eterno y todopoderoso asumió los límites propios de la condición humana, nació y fue tan frágil como un bebé. Cuando el Hijo de Dios se hizo humano, no lo hizo dejando de ser divino. Por el contrario, sin dejar de ser lo que era (Dios), se convirtió en lo que no era (humano). El Hijo de Dios tomó la naturaleza humana dentro de su naturaleza divina ya existente. En teología se habla de esta realidad como la unión hipostática: la unión de las dos naturalezas de Jesús, plenamente divino y humano.

Esto es lo que relata el evangelio de Juan en los primeros versículos:

> [1] En el principio era el verbo, y el verbo estaba con Dios, y el verbo era Dios. [2] Éste estaba en el principio con Dios. [3] Todas las cosas por él fueron hechas y sin él nada de lo que ha sido hecho habría sido hecho. [4] En él estaba la vida, y la vida era la luz de la humanidad. Juan añade en el versículo [9] La luz verdadera, la que ilumina a cada persona, estaba viniendo al mundo.
> Juan 1:1-4, 9

Estos versículos aclaran que, aunque Cristo ya era Dios desde el principio, él se encarnó, se hizo hombre (Juan 1:14).

En Filipenses 2:7, Pablo escribe: *sino que se despojó (se vació) a sí mismo tomando forma de siervo, haciéndose semejante a los hombres.* Este texto nos lleva a preguntarnos, ¿de qué se despojó Cristo cuando entró en la historia de la humanidad? Cuando decimos que Cristo se "vació" principalmente estamos sugiriendo que se despojó de su estatus, prestigio y privilegios. Cristo se vació de usar su poder divino de manera total. Por ejemplo, Cristo no era omnipresente (no podía estar físicamente en todo lugar). En el evangelio de Mateo se registra que le tendría que pedir al Padre en caso de querer doce legiones de ángeles (Mateo 26:53), al haber asumido las limitaciones de la encarnación. Lo cierto es que, en el texto, Pablo no responde a la pregunta: ¿de qué se vació Cristo?, sino a la pregunta: ¿cómo se vació Cristo? A lo que él mismo responde *tomando forma de esclavo, haciéndose obediente hasta la muerte y muerte de cruz* (Filipenses 2:8). Cristo no dejó de ser Dios al encarnarse. Más bien, aunque era Dios, en la encarnación, se despojó de los privilegios inherentes a su deidad. Es el acto de vaciarse lo que permite que Cristo muera en la cruz. Lo que celebra esta línea del Credo es que Cristo fue Dios y hombre al mismo tiempo.

1. CONCEBIDO POR EL ESPÍRITU SANTO

Jesús no solo nació como resultado de un milagro, sino que fue concebido por el Espíritu Santo. Y esta es la razón por la que Cristo (a) nació sin pecado (dice la carta de Santiago que nosotros *somos tentados por nuestros propios deseos* (1:14); sin embargo, en el caso de Cristo, el Tentador se presenta como la fuente de la tentación) y (b) nació no conforme a la imagen de Adán, sino reflejando la imagen del Padre (el evangelista Juan presenta a lo largo de su evangelio que Cristo vino a reflejar al Padre). A diferencia de nosotros, que fuimos hechos a la imagen de Dios, en Cristo habitaba la plenitud de la deidad: *Porque toda la plenitud de la Deidad reside corporalmente en él* (Colosenses 2:9).

Cuando María saluda a su prima Elizabeth, ella es llena del Espíritu Santo y el bebé, Juan el Bautista, salta en su vientre (Lucas 1:41). La mención del Espíritu Santo es importante. Recordemos su intervención en Génesis 1:1-2: *¹ En el principio creó Dios los cielos y la tierra. ² Y la tierra estaba sin orden y vacía, y las tinieblas cubrían la superficie del abismo, y el Espíritu de Dios se movía sobre la superficie de las aguas.*

Ya que el texto bíblico dice: *el niño que se ha engendrado en ella es del Espíritu Santo* (Mateo 1:20), la mención del Espíritu Santo evidencia que la concepción virginal fue una realidad[28]. Ya desde Génesis se nos ha dicho que el Espíritu tiene la capacidad de hacer y crear del caos y del vacío. Si creemos que Dios creó el mundo, no es imposible pensar que el Espíritu Santo pudo hacer que Jesús se engendrara en María. El Espíritu permitió la concepción milagrosa de Jesús, le dio poder en su ministerio y, con su poder, el Padre levantó a Cristo de entre los muertos. Cuando leemos del Espíritu de Dios, generalmente hay "nuevos comienzos" y "ocurre lo que nunca se había visto", así como la creación, el nacimiento de Cristo, el Pentecostés, por nombrar algunos.

2. NACIDO DE LA VIRGEN MARÍA

> [31] Y he aquí, concebirás en tu seno y darás a luz un hijo, y le pondrás por nombre Jesús. [32] Este será grande y será llamado Hijo del Altísimo; y el Señor Dios le dará el trono de su padre David; [33] y reinará sobre la casa de Jacob para siempre, y su reino no tendrá fin. [34] Entonces María dijo al ángel: ¿Cómo será esto, puesto que soy virgen?
>
> Lucas 1:31-34

Es importante notar que no hay una línea en el Credo sobre María. Cada una de sus líneas busca aclarar quién es el Padre, el Hijo y el Espíritu Santo, en quienes se basa la fe de la Iglesia. La mención de María en el Credo explica la realidad histórica de la encarnación de Jesús. El Credo la presenta como un instrumento importante que Dios usó (así como ocurrió con Moisés en la liberación de los israelitas de Egipto, siendo Dios mismo quien abrió y cerró el mar). La Biblia dice que las generaciones la llamarán bienaventurada, es decir, reconocerán que tuvo un privilegio que ninguna otra ha tenido ni va a tener: albergó a Dios en su vientre y, a su debido tiempo, según los meses de gestación, dio a luz a Jesús en un parto natural.

¿Cómo llegamos al tema de la adoración a María? El 8 de diciembre de 1854, en la bula Ineffabilis Deus, Pío IX establece:

> La doctrina que sostiene que la beatísima Virgen María fue preservada inmune de toda mancha de la culpa original en el primer instante de su concepción por singular gracia y privilegio de Dios omnipotente, en atención a los méritos de Cristo Jesús salvador del género humano, está revelada por Dios y debe ser por tanto firme y constantemente creída por todos los fieles (Dz 1641, OS 2803).

No obstante, esto no es lo que el Credo enfatiza ni lo que los primeros cristianos creyeron. Para comenzar, al igual que todos, María tuvo que confiar en la obra de Cristo para su propia salvación. Luego del nacimiento de Jesús, María tuvo otros hijos (Marcos 6:1-3; Mateo 13:55-56; Juan 2:12). Cuando le dijeron a Jesús: *te buscan tu madre y tus hermanos*, él preguntó, *¿y quién es mi madre y mis hermanos?*, Jesús explica: *los que hacen la voluntad de mi Padre, estos son mi madre y mis hermanos* (Mateo 12:46-50). María, la madre de Cristo, tiene un papel central en el relato del nacimiento de

Jesús (Mateo 1–2 y Lucas 1–2) y pasa a un segundo o tercer plano en la narración del ministerio de Jesús. En el evangelio de Juan, María reaparece a los pies de la cruz (Juan 19:25). En los escritos producidos del segundo siglo en adelante, el período de los Padres de la Iglesia, María no es mencionada con frecuencia y, su mención es principalmente con el fin de contrastar su obediencia con la desobediencia de Eva[29]. La Biblia no presenta a María como intercesora ni mucho menos establece que los creyentes la deben adorar. Las cartas del Nuevo Testamento no evidencian que las primeras comunidades de creyentes adoraron a María. De hecho, orar a María para que ella interceda por los humanos ante su hijo Jesucristo, no fue parte de las prácticas de la Iglesia sino hasta el siglo 18. Es decir, por 1800 años, la Iglesia no adoró ni oró a María.

Si el tema no es adorar a María ni orar a ella, entonces, ¿cómo encaja María dentro del relato bíblico? Miremos la narrativa bíblica que comienza en el libro de Génesis: Dios le promete a Abraham y Sara un hijo como un instrumento central en el cumplimiento del llamado; a través de la simiente de Abraham, Dios bendecirá a las familias de la tierra. Después de un largo tiempo de espera, milagrosamente nace Isaac. En el libro de Éxodo leemos de la matanza a los niños israelitas y de una madre que envía a su hijo por el río Nilo. El niño termina en manos de la hija de Faraón, creció en el palacio y se convirtió en el libertador del pueblo de Dios, Moisés. En Jueces 13:3, Dios se le aparece a una pareja estéril, en medio de un tiempo bastante crítico para Israel, dice: *Entonces el ángel del SEÑOR se le apareció a la mujer, y le dijo: He aquí, tú eres estéril y no has tenido hijos, pero concebirás y darás a luz un hijo.* Este niño es Sansón. Ana, la madre de Samuel, es estéril, pero Dios escucha su oración y levanta profeta en Israel cuando la palabra escasea y el sacerdote ya no ve bien. Ben Myers observa algo importante: "En los grandes momentos decisivos de la historia, encontramos a una mujer embarazada y a un niño pequeño traído al mundo por la poderosa promesa de Dios. La historia de Israel es una historia de nacimientos milagrosos"[30]. En otras palabras, los nacimientos milagrosos que precedieron al nacimiento virginal nos preparan para el nacimiento de Cristo. No es que, de la nada, se nos habla del nacimiento virginal. Más bien, Dios nos ha preparado con historias de nacimientos milagrosos en el relato bíblico para que, al llegar al nacimiento de Jesús, veamos cómo cada intervención divina encuentra su clímax en el nacimiento de Cristo. En sí, Dios simplemente llevó a otro nivel lo que ya venía haciendo. Mientras que en los milagros anteriores el punto es que Dios usa un instrumento humano que ya no podía procrear (Abraham o los padres de Juan el Bautista que ya eran muy ancianos), en el nacimiento de Jesús produce vida de donde no hay un esperma.

El enfoque del Credo en María como instrumento se ve en la conexión entre Isaías 7:14 y Mateo 1:22–23:

> [22] Todo esto sucedió para que se cumpliera lo que el Señor había hablado por medio del profeta, diciendo: [23] HE AQUÍ, LA VIRGEN CONCEBIRÁ Y DARÁ A LUZ UN HIJO, Y LE PONDRÁN POR NOMBRE EMMANUEL, que traducido significa: DIOS CON NOSOTROS.

Dios se acercó al mundo. El nombre Emmanuel provee otra perspectiva de la identidad del niño: no solo es el hijo de David, sino que es Dios entre los seres humanos.

Hasta aquí hemos visto que la Escritura da testimonio de las dos realidades existentes en Cristo. Una de las herejías que enfrentó la iglesia primitiva fue el docetismo, que viene de un término griego que significa "parecer ser". Según sus proponentes, Jesús no fue realmente humano; él parecía ser humano, se proyectaba con apariencia humana, pero no lo era. No podemos separar la naturaleza de Jesús "plenamente hombre y plenamente divino," porque caemos en un Jesús que no es el que se nos da a conocer en la Escritura.

> [1] Amados, no creáis a todo espíritu, sino probad los espíritus para ver si son de Dios, porque muchos falsos profetas han salido al mundo. [2] En esto conocéis el Espíritu de Dios: todo espíritu que confiesa que Jesucristo ha venido en carne, es de Dios.
> 1 Juan 4:1-2

Ahora veremos algunos pasajes en donde la Escritura nos muestra las dos naturalezas de Jesús en acción: Un evento en el que la humanidad de Jesús se evidencia es cuando lo vemos durmiendo en la barca en medio de la tormenta (Marcos 4:38; Mateo 8:24; Lucas 8:23) y a la vez, refleja su divinidad al tener autoridad sobre el mar y el viento que lo obedecen. En otra ocasión, Jesús camina sobre las aguas y habla a sus discípulos, quienes estaban confundidos pensando que era un fantasma. Jesús les dijo: "soy yo". El evangelio relata que Jesús nació (Mateo 1:16; 2:1-4; Lucas 1:35; 2:11). Gálatas 4:4 lo confirma: Pero cuando vino la plenitud del tiempo, Dios envió a su Hijo, nacido de mujer, nacido bajo la ley; creció (Lucas 2:40, 52); sentía hambre si no comía (Mateo 4:2; 21:18; Marcos 11:12; Lucas 4:2); se cansaba (Juan 4:6), lloró (Juan 11:35) y murió (no se puede crucificar a un fantasma: no habría manos y pies para los clavos, no habría cuerpo que cargara la cruz, no habría costado para recibir los latigazos — Marcos 15:37; Lucas 23:46; Romanos 5:6, 8; 1 Corintios 15:3-4).

La Escritura afirma que Jesús fue como nosotros en todas las formas excepto en una: aunque fue tentado así como nosotros, él no pecó (Hebreos 2:14-18; 4:14-15).

EL CUAL NO COMETIÓ PECADO, NI ENGAÑO ALGUNO SE HALLÓ EN SU BOCA.
1 Pedro 2:22

Para la Iglesia en el primer siglo, era importante saber que Jesús vino en carne. De lo contrario, Cristo no murió ni padeció en la cruz. No tendríamos esperanza, porque es en la cruz que Jesús dice *¡Consumado es!* (Juan 19:30).

III. APLICACIÓN

1. Lo que la Biblia enseña sobre Jesús es que (a) es Dios, pero al mismo tiempo (b) es Dios encarnado. La gente alrededor de Jesús no lograba entenderlo o meterlo en una categoría. En los evangelios encontramos que la gente se pregunta: ¿Quién es este? ¿Por qué habla de esta manera? ¿Cómo puede hacer estas cosas? (Mateo 7:28-29; 8:27; 21:20, 23; Marcos 2:7; 4:41; Lucas 9:9; Juan 8:25). Cuando la gente y los discípulos veían y escuchaban a Jesús, quedaban perplejos. Jesús mismo comenta: *Nadie me conoce sino el Padre* (Mateo 11:27; Lucas 10:22; Juan 14:7-10). Al pasar de los siglos no se ha podido eliminar el misterio que gira alrededor de la persona de Jesús, es decir, no podemos domesticar o reducir a Jesús al punto que se vuelva tal como nosotros.

Él es humano como nosotros, pero es más que nosotros, es Dios. Si creemos que podemos describir a Jesús de manera sencilla muy probablemente o estamos equivocados o nuestra apreciación es incompleta. Creo que muchos hemos hecho de la idea de Jesús algo cotidiano o nos hemos familiarizado con él al punto que lo hemos metido en una caja para que así no nos confronte. El problema es que cuando amoldamos a Jesús, perdemos todo sentido de reverencia, perdemos de vista que es Dios. Pecamos y no sentimos temor. Estamos en problemas y él ha dicho que nos puede socorrer, pero vivimos como si sus promesas fuesen simplemente lindos poemas. Supongo que los hijos de un presidente tendrán la misma tensión: su padre es la persona más importante del país, pero, al mismo tiempo, tienen acceso a él. Lo ven en el desayuno y salen juntos a comer los miércoles por la noche. La tendencia es (1) que se vuelva tan natural que el hijo se le olvide quién es su padre y le falte el respeto o le hable escuetamente en contextos en donde sea inapropiado o (2) que vea el estar con su padre como algo inalcanzable: siempre está en reuniones importantes, administrando para el bienestar del país. Él pensará que su padre siendo presidente tiene cosas más importantes que hacer y no tiene tiempo para pensar en él o ayudarle con sus problemas.

2. Si Jesús es solo humano, pero no divino, hay IRREVERENCIA (no hay adoración y exaltación; perdemos la esperanza que Dios nos puede ayudar (nos llenamos de

temor y colapsaremos ante la crisis). Si Jesús es solo divino, pero no humano, hay IRRELEVANCIA (un Jesús que está allá arriba en su trono, pero que no me puede consolar ni asistir en mi sufrimiento, el problema en mi matrimonio, mis luchas de salud, enfrentar la COVID-19). Pero lo importante es que Jesús es ambos: él es humano: (1) nos entiende: sabe lo que es ser extranjero, ser humillado, tener hambre, ser traicionado, mal interpretado, estar solo, necesitar que alguien ore por y con él y no encontrar a nadie, conoce el dolor, la agonía, el paso por el valle de sombra y de muerte; (2) se identifica con nosotros: fue tentado en todo; (3) intercede por nosotros: siempre que tenemos un problema, lo primero que vamos a hacer es buscar a alguien que nos escuche para que: nos interprete (cuando se vive en un país con lengua extraña), interceda por nosotros ante alguien más (cuando hemos cometido una falta ante otra persona) o nos pueda resolver la situación (cuando hemos cometido un error). No es de sorprendernos, entonces, que las personas busquen a María o a los santos (las personas que ya han muerto) para que intercedan ante Cristo y él ante el Padre. Hay una necesidad en nosotros de intercesión. Sin embargo, según la Escritura, Dios suple esa necesidad de distintas maneras: la intercesión de los santos (los creyentes vivos, no los muertos, debemos orar/interceder los unos por los otros), el Espíritu intercede por nosotros (Romanos 8:26) y Cristo, quien también lo hace: *Por lo cual él también es poderoso para salvar para siempre a los que por medio de él se acercan a Dios, puesto que vive perpetuamente para interceder por ellos* (Hebreos 7:25). Así sabemos no solo que Dios nos entiende, también sabemos que es poderoso para salvarnos. Nos acercamos a Jesús porque es todopoderoso y cercano. ¡Qué perfecta provisión de Dios! ¡Él siempre da al blanco con lo que necesitamos! Y esto se debe precisamente a que él nos creó y nos diseñó.

IV. PRÁCTICA

Ahora lo invito a que piense y responda estas preguntas:

Afirmar

1. ¿Qué evidencia le deja la Escritura sobre la encarnación de Jesús?

....

....

....

....

....

....

Descansar

2. ¿Siente que Jesús es cercano a usted? Contraste su sentir con las palabras de Hebreos 4:15-16:

> *¹⁵ Porque no tenemos un sumo sacerdote que no pueda compadecerse de nuestras flaquezas, sino uno que ha sido tentado en todo como nosotros, pero sin pecado. ¹⁶ Por tanto, acerquémonos con confianza al trono de la gracia para que recibamos misericordia, y hallemos gracia para la ayuda oportuna.*

¿A qué conclusión llega?

....

....

....

....

....

....

Rendir

3. Jesús se hizo cercano a nosotros en la encarnación. Piense en una forma práctica en la que extenderá a Jesús a alguien que lo necesita. ¿Qué hará y cómo lo hará?

....

....

....

....

....

....

CAPÍTULO 5

PADECIÓ BAJO EL PODER DE PONCIO PILATO:
SUFRIÓ, FUE CRUCIFICADO, FUE MUERTO Y SEPULTADO

En el capítulo anterior dijimos que Jesús es el Dios encarnado, quien fue concebido por el Espíritu Santo en María. Su plan de encarnación, aparte de mostrarnos lo que significa haber sido creado por Dios sin pecado, tiene como meta la cruz, pero, ¿qué paradoja encontramos en ella? ¿Cuáles son las dos connotaciones que tenía el símbolo de la cruz en el Imperio romano? Espero que este capítulo responda estas y otras preguntas.

I. TEXTO

24 Después de que Juan predicó, antes de su venida, un bautismo de arrepentimiento a todo el pueblo de Israel. 25 Cuando Juan estaba a punto de terminar su carrera, decía: "¿Quién pensáis que soy yo? Yo no soy el Cristo; mas he aquí, viene tras mí uno de quien yo no soy digno de desatar las sandalias de sus pies." 26 Hermanos, hijos del linaje de Abraham, y los que entre vosotros teméis a Dios, a nosotros nos es enviada la palabra de esta salvación. 27 Pues los que habitan en Jerusalén y sus gobernantes, sin reconocerle a él ni las palabras de los profetas que se leen todos los días de reposo, cumplieron estas escrituras, condenándole. 28 Y aunque no hallaron causa para darle muerte, pidieron a Pilato que le hiciera matar. 29 Y cuando habían cumplido todo lo que estaba escrito acerca de él, le bajaron de la cruz y le pusieron en un sepulcro.

> [30] *Pero Dios le levantó de entre los muertos;* [31] *y por muchos días se apareció a los que habían subido con él de Galilea a Jerusalén, los cuales ahora son sus testigos ante el pueblo.*
> Hechos 13:24-31

II. ANÁLISIS

La mención de Poncio Pilato es importante para quienes tal vez piensen que Jesús fue un concepto filosófico o una bonita leyenda. Cristo se encarnó, murió y fue crucificado en un momento histórico puntual. Los cuatro registros del evangelio (Mateo, Marcos, Lucas y Juan), las cartas (por ejemplo, 1 Pedro 4:1) e historiadores del primer siglo (por ejemplo, Josefo y Tácito) confirman esta realidad histórica. Tácito, por ejemplo, escribe:

> Cristo, de quien toman su nombre, fue ejecutado por Poncio Pilato durante el reinado de Tiberio...esta dañina superstición apareció de nuevo, no solo en Judea, donde estaba la raíz del mal, sino también en Roma, ese lugar donde se dan cita y encuentran seguidores todas las cosas atroces y abominables que llegan desde todos los rincones del mundo (Anales, 15. 44)[31].

Las palabras de Tácito son importantes, dado que es el testimonio de un historiador romano no cristiano. Además, su relato describe cómo los romanos veían a los cristianos. Tácito no escribió para favorecer a los cristianos, sino que lo hizo para mencionar un hecho histórico. El historiador afirma que Jesús fue un personaje histórico, no un mito.

Hasta aquí, el Credo ha presentado un panorama bastante alentador: el Padre es todopoderoso; Cristo es el Mesías, Dios encarnado y el Señor del cosmos. Sin embargo, en el estudio 5, las cosas pasan de claro a oscuro. El Credo muestra y resume la realidad del sufrimiento en el mundo, el rechazo de las creaturas hacia el Creador con cuatro verbos: sufrió, fue crucificado, murió y fue sepultado.

1. JESÚS SUFRIÓ

Lo que se describe en Génesis 3 no fue simplemente un lapso, una caída o un tropezón, fue un acto de deslealtad al Rey que les había provisto todo y los había puesto en su reino, el Edén. Todos, a partir de allí, somos usurpadores; nos hemos revelado contra el Creador pretendiendo ser nuestros propios dioses y diosas. Este acto de aparente rebeldía y libertad se constituyó en la causa de la esclavitud humana (Efesios 2:1-3). Para ser librados de ella fue necesario un acto mayor: el Dios del universo envió a su único Hijo, y aunque su plan tomó años en llevarse a cabo, se ejecutó dando cumplimiento a las Escrituras. Pablo dice:

> [3b]...*Cristo murió por nuestros pecados, conforme a las Escrituras;* [4]*que fue sepultado y que resucitó al tercer día, conforme a las Escrituras.*
> 1 Corintios 15:3b-4

No se puede entender quién es Jesús sin el Antiguo Testamento. La vida y ministerio de Cristo están unidos a un pueblo y una escritura. La historia de Jesús es la cereza del pastel; esta culmina y completa lo que Dios ha venido haciendo a través de Israel. El relato del Antiguo Testamento, en sus diversas profecías, anuncia/promete/prepara para la venida del rey y su reino. John Dickson lo expresa así:

> El nacimiento real de Jesús cumple la promesa que hace Dios a David que habría un rey sobre el trono; los milagros apuntaban a que el Reino de Dios estaba presente mediante la persona de Jesús como Mesías/rey; las enseñanzas de Jesús invitan a venir al Reino con sus demandas; el sacrificio en la cruz pagó por los pecados de quienes serían condenados en la consumación del Reino; la resurrección establece a Jesús como el Hijo asignado por Dios como Juez del mundo y Señor del Reino[32].

Estas profecías no solo revelan a Jesús como el mesías esperado, sino que confirman su carácter veraz, todo lo que prometió/anunció, lo cumplió.

2. JESÚS FUE CRUCIFICADO

Cada religión, nación o movimiento social tiene símbolos que comunican la esencia de su ideología, su filosofía o fundamento. Por ejemplo: el budismo a menudo utiliza una flor de loto. Su forma de rueda representa el ciclo del nacimiento y la muerte o la belleza y armonía que resulta en medio del caos de las aguas. El judaísmo moderno utiliza la "Estrella de David ", que combina dos triángulos equiláteros para hablar de pacto eterno de Dios con David. El islam utiliza el símbolo de una media luna y una estrella que originalmente representan una fase de la luna y fue utilizado por los musulmanes durante el Imperio otomano[33].

La diferencia de estos con el símbolo del cristianismo, la cruz, es el simple hecho que no es naturalmente atractivo. De hecho, era un símbolo que representaba tortura, juicio y opresión por parte del imperio. John Stott escribe sobre el escándalo que esto debió haber sido para los judíos de ese momento:

> ¿Cómo puede una persona en sano juicio adorar a un dios que acaba de ser condenado como un criminal y sometido a la humillación más grande que existía en el momento? El mensaje que transmitía la cruz era la muerte, el

crimen y la vergüenza, estos elementos hacían imposible que el crucificado fuese respetado y mucho menos adorado[34].

La cruz tenía dos connotaciones: derrota y vergüenza.

DERROTA TOTAL

La crucifixión es un método antiguo de ejecución, donde el condenado es atado o clavado en una cruz de madera o entre árboles o en una pared, normalmente desnudo o semidesnudo, y dejado allí hasta su muerte. La crucifixión fue utilizada por los romanos hasta el año 337 d.C., después de que el cristianismo fue legalizado en el Imperio romano. La crucifixión era usualmente utilizada para exponer a la víctima a una muerte particularmente lenta, horrible (para disuadir a la gente de cometer crímenes parecidos) y pública, utilizando todos los medios necesarios para su realización. Hay un caso descrito por Heródoto, el historiador griego, en el que Darío I mandó crucificar a 3000 babilonios. Alejandro Magno crucificó a 2000[35]. El general Tito crucificó tanta gente de la ciudad que, de acuerdo con el historiador Josefo, "no había espacio para las cruces ni suficientes cruces para los cuerpos"[36]. Los ciudadanos de Roma estaban exentos de este tipo de muerte.

Adicional a esto, los judíos veían la crucifixión como estar bajo la maldición de Dios, como bien lo dice Deuteronomio 21:23. Esta manera de morir comunicaba que ante la sociedad y ante Dios se estaba en total derrota.

Jesús luego recibe latigazos salvajes y las burlas de los soldados romanos. El propósito de la crucifixión no solo era matar a la gente, sino intimidarla, así que la persona condenada era obligada a cargar su propio instrumento de muerte por toda la ciudad hasta el lugar de la ejecución. Como es de esperarse, los habitantes del lugar dejarían sus quehaceres con el fin de ver lo que estaba ocurriendo.

Pero nosotros predicamos a Cristo crucificado, para los judíos ciertamente tropezadero, y para los gentiles locura...
1 Corintios 1:23 (RVR1960)

Este versículo resume bien la percepción de la cruz por parte de los judíos y los gentiles. Para los judíos, el Salvador es alguien que está bajo la maldición de Dios; para los gentiles, alguien de un pueblo conquistado (Israel se encontraba bajo el dominio del Imperio romano) sometido al castigo que el imperio habían dispuesto para los malvados.

VERGÜENZA

En Mateo 27:34 el evangelista indica que los soldados ofrecieron a Jesús vino mezclado con hiel. Se piensa que esta mezcla servía para aliviar el dolor. Sin embargo, ¿por qué el soldado le quiere dar a Jesús algo para aliviar su dolor en la cruz, si lo han maltratado brutalmente hasta el momento? Parece ser que era una trampa. Esta mezcla, al ser amarga, producía más sed en quien estaba muriendo[37]. Los soldados no le dan vino a Jesús, como un acto de misericordia, sino como una trampa para hacer peor sus padecimientos y así burlarse de él.

El Mesías, el Hijo de Dios, colgado en una cruz entre dos ladrones, y bajo la maldición de Dios. A los ojos de la sociedad del momento y de la actual, la crucifixión es un gran fracaso. Sin embargo, desde la perspectiva divina era al contrario: justamente no salvándose a sí mismo era que salvaría a la humanidad. En el texto de Mateo 27, los líderes religiosos dicen que si baja de la cruz entonces le creen. Piden una señal para justificar su incredulidad. Si Jesús se bajaba de la cruz, no solo seguirían en su incredulidad, sino que no habría nada en qué creer porque no habría salvación.

3. JESÚS MURIÓ

Para entender el sacrificio de Jesús es necesario precisar que él murió:

1. Con nosotros (se identificó con la humanidad);
2. En nuestro lugar (en representación de la humanidad y como sustituto) y;
3. Para nuestro beneficio (podernos incorporar dentro de la familia de Dios).

Jesús se encarnó asumiendo nuestra condición humana; con su muerte ocupó nuestro lugar y recibió el castigo de acuerdo con la misma Escritura: muerte física y la separación que trae la muerte. Al morir, Jesús nos dio perdón de pecados, reconciliación con el Padre y justificación ante el tribunal de Dios (Mateo 26:28, 1 Corintios 6:11). Jesús entra en el lugar santísimo y el velo se rompe; este velo que nos separaba de la presencia de Dios se abre, y los perdidos, los enfermos, los que sufren malformaciones, los discapacitados, los extranjeros, todos, son invitados a acercarse. En la sangre de Jesús, el antiguo pacto cumple su propósito (al ser un vehículo que nos trae a Cristo) y consuma la obra de redención.

Los dos sacramentos que celebramos como comunidad, el bautismo y la cena del Señor, precisamente nos recuerdan la muerte de Jesús. Pablo escribe: *habiendo sido sepultados con él en el bautismo, en el cual también habéis resucitado con él por la fe en la acción del poder de Dios, que le resucitó de entre los muertos* (Colosenses 2:12). De la misma manera, Pablo escribe sobre la cena: [25] *...Esta copa es el nuevo pacto* en mi sangre; haced esto cuantas veces la bebáis en memoria de mí. ²⁶ Porque todas las veces que comáis este pan y bebáis esta copa, la muerte del Señor proclamáis hasta que él venga (1 Corintios 11:25-26). Mediante estas dos celebraciones, el pueblo de Dios, aunque vive en un mundo caído, mantiene su mirada puesta en las heridas de su Señor y no en las propias. No porque las propias no sean importantes, sino porque nuestras heridas se convierten en huellas que nos conducen a él. En este sentido, la cruz no solo es el símbolo de la muerte de Cristo, sino que también resume la paradoja de nuestra vida: muertos para el mundo y vivos para Dios.

La realidad de la obra de Cristo en la cruz y su victoria sobre la muerte se ilustra bien en el siguiente poema: ¿Quién es el más fuerte? El hierro dijo: "yo soy el más fuerte de todos". El fuego vino y derritió el hierro y dijo, "yo soy el más fuerte de todos". Después vino el agua y apagó el fuego, diciendo: "yo soy la más fuerte de todos". Luego vinieron las nubes y absorbieron el agua y dijeron, "somos más fuerte que todos". Luego vinieron los árboles y diseminaron las nubes y dijeron, "somos más fuertes que todos". Luego vino un leñador y cortó los árboles y dijo, "yo soy el más fuerte de todos". Luego viene la muerte y mata al leñador y dice: "yo soy más fuerte que el hierro, el fuego, el agua, las nubes, los árboles y el hombre". Pero luego vino uno que se levantó de entre los muertos y dijo, ¿Dónde está, oh muerte, tu aguijón? (1 Corintios 15:55).

4. JESÚS FUE SEPULTADO

Jesús fue sepultado en una cueva muy cerca al lugar de su crucifixión, la entrada de esta fue sellada con una piedra, la cual protegía al cuerpo del clima, de las aves carroñeras y de que los ladrones se lo llevaran. Esta escena es narrada por los cuatro evangelios y contiene muchos detalles de gran valor para los judíos.

Tradicionalmente, el cuerpo de Jesús y de los dos ladrones habría sido arrojado a una fosa común. Sin embargo, José de Arimatea y Nicodemo deciden darle una sepultura digna de un rey (Juan 19:38-42; 2 Crónicas 16:14). La cantidad de perfume (33 kilos) usada para la preparación del cuerpo era enorme si se tratara de un ciudadano común y corriente. Sin embargo, esta sepultura era extraordinaria y José de Arimatea y Nicodemo lo sabían. La tumba nueva, que no había sido contaminada por la presencia impura de un cadáver se inundó con la fragancia de las especias que humedecieron el cuerpo inerte de Jesús. El Dios encarnado que nació en un establo y murió crucificado bajo las burlas de sus acusadores como un rey/monarca "derrotado", termina recibiendo una sepultura propia de la realeza. Como era de esperarse, el aroma putrefacto de la muerte retrocedía ante la presencia de quien la vencería no quedándose en la tumba.

III. APLICACIÓN

1 Corintios 15:1 dice, refiriéndose al evangelio, *en el cual también estáis firmes.* Pablo quiere decir que el evangelio es un fundamento sobre el que se está estable, seguro, además de ser el mensaje al que respondemos para salvación. El comienzo y el final de la vida gira alrededor de la comprensión del evangelio. Entender qué es el evangelio es entonces de suma importancia. Más que comprender si los gigantes de Génesis 6 salieron de la unión de los ángeles y los humanos, o si el fruto del que se habla en Génesis 3 fue una manzana o una pera, lo primero y más importante que un creyente debe conocer y entender es el evangelio, porque este sostiene. El día en que se pregunte si Dios va a terminar la obra que ha comenzado en usted o no, que sienta que no tiene fuerza para continuar, que la persecución amenace su vida y la de su familia, el evangelio—poner su mirada en Jesús, quien sufrió, murió y fue sepultado—es el piso que le sostendrá.

Porque Jesús sufrió, usted puede sufrir con perspectiva; porque Jesús fue crucificado, sus pecados han sido perdonados; porque Jesús murió, usted puede vivir; porque Jesús fue sepultado, hay victoria sobre la muerte.

IV. PRÁCTICA

Ahora lo invito a que piense y responda estas preguntas:

Afirmar
1. ¿Qué acciones llevó a cabo Jesús para convertirse en su sustituto?

....

....

....

....

....

....

....

....

....

Descansar

2. ¿Considera que ya murió a su vieja naturaleza y que ya ha resucitado a la nueva vida en Cristo? Haga un contraste de su vida antes y después de conocer a Jesús evidenciando esto.

Antes	Después

Rendir

3. ¿Qué persona de su familia no conoce a Jesús como el que perdona pecados y salva de la muerte? Ore por esta persona para que llegue a conocer a Jesús como Salvador. Pida a Dios sabiduría para compartir y mostrarle el evangelio.

CAPÍTULO 6

DESCENDIÓ AL HADES Y AL TERCER DÍA

RESUCITÓ DE ENTRE LOS MUERTOS

Anteriormente dijimos que Jesús padeció en la cruz la peor de las muertes para darnos vida, demostró su poder sobre la tumba y derrotó a Satanás. Pensando en esto, ¿cuál debería ser la actitud correcta del cristiano frente a la muerte? ¿Cómo la victoria de Jesús trae esperanza sobre la muerte? ¿Cómo se relacionan las palabras seol y hades con la muerte? Espero que este capítulo responda estas y otras preguntas.

I. TEXTO

29 Hermanos, del patriarca David os puedo decir confiadamente que murió y fue sepultado, y su sepulcro está entre nosotros hasta el día de hoy. 30 Pero siendo profeta, y sabiendo que DIOS LE HABÍA JURADO SENTAR a uno DE SUS DESCENDIENTES EN SU TRONO, 31 miró hacia el futuro y habló de la resurrección de Cristo, que NO FUE ABANDONADO EN EL HADES, NI su carne SUFRIÓ CORRUPCIÓN. 32 A este Jesús resucitó Dios, de lo cual todos nosotros somos testigos.
Hechos 2:29-32[38]

II. ANÁLISIS

1. DESCENDIÓ AL HADES

Para entender el sermón de Pedro necesitamos explicar primero qué es el *Hades*. Es importante notar que este estudio describe lo que ocurrió entre el viernes (la crucifixión, estudio 5) y el domingo (la resurrección, estudio 7). Así que el entendimiento de este capítulo es de suma importancia para nuestra comprensión de la obra de Jesús y de su identificación con nosotros.

Para comenzar, debemos diferenciar algunos términos. Nuestra visión del juicio final está en el futuro. Cristo vendrá a juzgar a los vivos y a los muertos (estudio 8). La palabra *Gehenna* en griego hace referencia a un lugar de juicio y condenación (Mateo 23:33). Pero a esto no es a lo que la palabra *Hades* hace alusión. Al leer la Biblia, tal vez te has encontrado con la expresión *Seol*. En el Antiguo Testamento, cuando alguien muere, se dice que va al *Seol* (hebreo) o *Hades* (griego).

> ³*Porque saturada está mi alma de males, y mi vida se ha acercado al Seol.* ⁴ *Soy contado entre los que descienden a la fosa; he llegado a ser como hombre sin fuerza,* ⁵ *abandonado entre los muertos; como los caídos a espada que yacen en el sepulcro, de quienes ya no te acuerdas, y que han sido arrancados de tu mano.* ⁶ *Me has puesto en la fosa más profunda, en lugares tenebrosos, en las profundidades.*
> Salmo 88:3-6

> *El Seol, desde abajo, se estremece por ti al recibirte en tu venida; por ti despierta a los espíritus de los muertos, a todos los jefes de la tierra; levanta de sus tronos a todos los reyes de las naciones.*
> Isaías 14:9 (NBLA)

> *¿Los libraré del poder del Seol? ¿Los redimiré de la muerte? ¿Dónde están, oh muerte, tus espinas? ¿Dónde está, oh Seol, tu aguijón? La compasión estará oculta a mi vista.*
> Oseas 13:14

El Antiguo Testamento, en ningún lugar, parece sugerir que el Seol es un lugar de tormento para los malvados, sino el lugar de residencia de todos los muertos. Según los textos anteriores, es un lugar al que desciendes y del cual no puedes salir porque tiene poder sobre el que muere. En el Antiguo Testamento, no hay mucha especulación sobre lo que ocurre en la vida después de la muerte. Estamos muy acostumbrados al concepto de la inmortalidad del alma promovido por los griegos, asumiendo que es lo que entienden los israelitas. Pero no es así. En el *Seol*, la vida del individuo llega a su fin (Salmo 88). Allí se reencuentra con sus padres (Génesis 25:8; 35:29). En este lugar, no existe conocimiento de lo que ocurre en la tierra (Eclesiastés 9:5). No hay retorno del *Seol* (Job 7:9-10). Todo es silencio y oscuridad (Salmo 94:17; 49:19).

El Dr. Charles E. Hill dice:

> Si te acercas a un judío en las calles de Jerusalén cuando Jesús estaba en la tierra y le preguntas: 'Si murieras esta noche, ¿por qué debería Dios dejarte entrar al cielo?' Probablemente [te responda]: 'Querrás decir, ¿por qué Dios debería dejarme estar en la sección buena del *Hades*, ¿cierto?'[39].

Ir al *Seol* es algo que se lamenta en los Salmos más nunca se desafía. Simple y sencillamente, el Dios que tiene autoridad sobre los muertos y los vivos así lo ha determinado. La siguiente imagen ilustra la constitución judía (no la constitución científica) del mundo[40]:

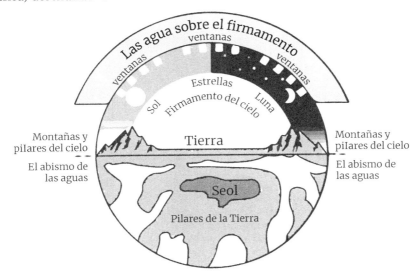

Con este entendimiento del *Hades*, regresemos al sermón de Pedro. En Hechos 2:22, Pedro dice: *Varones israelitas, escuchad estas palabras*. Lo primero que el texto describe es que Pedro habla a varones judíos, personas que tienen la comprensión de la muerte que acabamos de estudiar. Quienes escuchan a Pedro entienden que sus antepasados (abuelos, padres, hermanos) estaban en ese lugar que se llama *Hades*. Continúa Pedro en su discurso de Hechos 2:

> ²² Jesús el Nazareno, varón confirmado por Dios entre vosotros con milagros, prodigios y señales que Dios hizo en medio vuestro a través de él, tal como vosotros mismos sabéis, ²³ a éste, entregado por el plan predeterminado y el previo conocimiento de Dios, clavasteis en una cruz por manos de impíos y le matasteis, ²⁴ a quien Dios resucitó, poniendo fin a la agonía de la muerte, puesto que no era posible que él quedara bajo el dominio de ella. ²⁵ Porque David dice de él: VEÍA SIEMPRE AL SEÑOR EN MI PRESENCIA; PUES ESTÁ A MI DIESTRA PARA QUE YO NO SEA CONMOVIDO. ²⁶ POR LO CUAL MI CORAZÓN SE ALEGRÓ Y MI LENGUA SE REGOCIJÓ; Y AUN HASTA MI CARNE DESCANSARÁ EN ESPERANZA; ²⁷ PUES TÚ NO ABANDONARÁS MI ALMA EN EL HADES, NI PERMITIRÁS QUE TU SANTO VEA CORRUPCIÓN. ²⁸ ME HAS HECHO CONOCER LOS CAMINOS DE LA VIDA; ME LLENARÁS DE GOZO CON TU PRESENCIA. (Citado del Salmo 16) ²⁹ Hermanos, del patriarca David os puedo decir confiadamente que murió y fue sepultado, y su sepulcro está entre nosotros hasta el día de hoy. ³⁰ Pero siendo profeta, y sabiendo que DIOS LE HABÍA JURADO SENTAR a uno DE SUS DESCENDIENTES EN SU TRONO, ³¹ miró hacia el futuro y habló de la resurrección de Cristo, que NO FUE ABANDONADO EN EL HADES, NI su carne SUFRIÓ CORRUPCIÓN. ³² A este Jesús resucitó Dios, de lo cual todos nosotros somos testigos.

Pedro le dice a sus oyentes: David no estaba hablando de sí mismo porque David murió y su carne vio corrupción. Sino que David estaba hablando de Cristo. Cristo ha conquistado el poder del *Hades*. Jesús descendió allí y rompió su poder para aquellos que habían confiado y esperado en él en el pasado. La justicia de los creyentes en el Antiguo Testamento, cada persona que esperaba en las promesas y el pacto de Dios antes de Cristo, es justificada por gracia y por fe en la muerte y propiciación de Cristo en la cruz (Romanos 4:1-12; 9-11).

El Nuevo Testamento no nos dice en detalle qué ocurre entre la muerte y la resurrección de nuestros cuerpos[41]. Los seres humanos deseamos saber qué pasa después de la muerte; tal conocimiento nos haría sentir seguros y en control de la situación. Pensar en la muerte implica hablar de algo que está en el futuro. La muerte es el final de nuestra existencia, por lo menos, en la forma en la que siempre la hemos experimentado. Por esta razón, los métodos aceptados para comprobar la veracidad de un evento son inadecuados para hablar de lo que ocurre después de la muerte (¡un evento que no ha ocurrido para quienes quieren analizarlo!). Para hablar del futuro, la Biblia utiliza otras categorías que son importantes. Por ejemplo, la fe se describe como la certeza de [la realidad] que se espera, *la convicción de lo que no se ve* (Hebreos 11:1). Pablo lo escribió de otra manera: *esperanza que se ve no es esperanza* (Romanos 8:24). Se debe aclarar que, cuando hablamos del futuro, no nos referimos "al producto de la imaginación o de la proyección humana, ya que sería simplemente especulación"[42]. La fe no se contrasta con no tener certeza "no estoy muy seguro"; la fe no se contrasta con no tener evidencia "no hay razones de peso para creer". Más bien, la fe se contrasta con la vista "confío aunque no puedo ver".

Tener fe y esperar en la promesa de Dios encuentra sentido cuando comprendemos qué es un pacto. Un pacto es "un acuerdo establecido entre dos partes en las que ambas, por adelantado, se prometen bajo juramento realizar ciertas cosas o abstenerse de ciertas acciones estipuladas"[43]. El nuevo pacto fue instituido en el sacrificio de Jesús (Mateo 26:28); fue un pacto entre Dios y Dios. El creyente confía en que Dios va a cumplir lo que ha prometido para todos aquellos que esperan en él y están unidos a él "en Cristo".

Pensar en la muerte—encontrarnos con una realidad y un Dios al que no hemos visto—puede generar pánico. "Pero es en medio de esta reflexión que recordamos que Dios se ha revelado en Jesucristo y en la Escritura, y esta última contiene promesas especificas"[44]. Los creyentes enfrentamos la muerte de la misma manera en la que los siervos de Dios registrados en la Escritura actuaron en su momento, confiando en las promesas futuras de Dios (Hebreos 11).

En nuestro deseo de ser los protagonistas de nuestra propia historia y salvación, anhelamos una respuesta que nos aclare el "más allá". Este silencio del Nuevo Testamento deja claro que no se trata de nosotros. Lo que suceda después de la muerte es asunto de Dios y de su poder sobre la muerte y más allá de ella. Así como Esteban, antes de morir, dijo con plena confianza: *Señor Jesús, recibe mi espíritu* (Hechos 7:59). Lo que necesitamos saber es que, gracias a la obra de Jesús, el creyente no queda en un limbo existencial cuando muere.

Una vez que estamos unidos a Jesús, ni la muerte misma *podrá separarnos del amor de Dios que es en Cristo Jesús, Señor nuestro* (Romanos 8:38-39). El *Hades* perdió su poder cuando Cristo murió, y esto es lo que describe Mateo 27, al decirnos que es la muerte de Jesús la que permite la resurrección de los santos.

[45] Y desde la hora sexta hubo oscuridad sobre toda la tierra hasta la hora novena. [46] Y alrededor de la hora novena, Jesús exclamó a gran voz, diciendo: ELI, ELI, ¿LEMA SABACTANI? Esto es: DIOS MÍO, DIOS MÍO, ¿POR QUÉ ME HAS ABANDONADO? [47] Algunos de los que estaban allí, al oírlo, decían: Este llama a Elías. [48] Y al instante, uno de ellos corrió, y tomando una esponja, la empapó en vinagre, y poniéndola en una caña, le dio a beber. [49] Pero los otros dijeron: Deja, veamos si Elías viene a salvarle. [50] Entonces Jesús, clamando otra vez a gran voz, exhaló el espíritu. [51] Y he aquí, el velo del templo se rasgó en dos, de

> arriba abajo, y la tierra tembló y las rocas se partieron; [52] y los sepulcros se abrieron, y los cuerpos de muchos santos que habían dormido resucitaron; [53] y saliendo de los sepulcros, después de la resurrección de Jesús, entraron en la santa ciudad y se aparecieron a muchos.
>
> Mateo 27:45-53

En el Nuevo Testamento, el *Hades* se describe como una fortaleza con puertas protegidas con barras (Mateo 16:18), cerrada con una llave que Cristo ha capturado (Apocalipsis 1:18). El primer acercamiento que tiene Jesús al mundo de los muertos se registra en Marcos 5:1-20; él se acerca a un hombre que vive entre los muertos y, por lo tanto, estaba desterrado de la comunidad. Pero este evento es un preámbulo de lo que ocurriría luego en la cruz, en donde el Dios que, para los judíos, estaba ausente del mundo de los muertos, lo invade para conquistarlo.

Mateo dice que las puertas del *Hades* no prevalecerán contra la iglesia porque Cristo tiene las llaves. Ahora, la muerte cumple los santos propósitos de Dios. Recordemos cómo la iglesia ha sido atacada durante sus veinte siglos de historia, sufriendo persecución bajo el poder del Imperio romano. En el libro de Apocalipsis, Juan alienta a las iglesias en Asia a mantenerse firmes a pesar de sus padecimientos. Y este sufrimiento se ha seguido extendiendo de diferentes maneras hasta nuestros días. Pero aun así, no hay que temer a la muerte. El mensaje de la Biblia es que la muerte no es el final; no anula la promesa de Dios; no nos puede separar de Dios. Tal como escribe Ben Myers:

> En Jesús, Dios habitó entre los Muertos; tocó los límites de nuestra naturaleza, con Su nacimiento y con Su muerte, para santificarnos y unirnos a Dios. El que Vive abrazó la muerte, y ahora la muerte ha sido absorbida por la vida[45].

Jesús, con su muerte, no solamente nos rescató del poder de la muerte, sino que también fue una proclamación de su victoria sobre los poderes y principados que han secuestrado y dirigido a la humanidad hacia su propia destrucción. En la cruz, Jesús los despoja y los hace un espectáculo público (Colosenses 2:15).

Al reflexionar sobre esto comprendemos cómo entiende Pablo el problema del ser humano: este necesita ser urgentemente rescatado (Gálatas 1:4) y resucitado (Efesios 2:1). Según Pablo ¿qué ha pasado con la humanidad que requiere esta intervención? Consideremos tres cosas.

1. La naturaleza pecaminosa (el pecado que habita en cada uno) (Gálatas 5:16-17; Romanos 7:11-14, 18, 23; 8:21) que afecta nuestra mente, emociones, voluntad y decisiones. Este poder es tan grande que el ser humano no tiene la capacidad de hacerse libre de él por su propia cuenta. El pecado no le permite responder a Dios

y, por eso, la humanidad tiene que ser rescatada.

2. La muerte, que se describe como el último enemigo/realidad en ser destruida (Romanos 5:12–14; 8:6, 13).

3. Los poderes y principados (Efesios 6:12; Gálatas 4:3; Romanos 16:20; 1 Corintios 5:5; 2 Corintios 2:11; 11:14; 1 Tesalonicenses 2:18; 2 Tesalonicenses 2:9).

Jesús ha vencido y, por eso, Mateo registra que Jesús dijo:

> *Y no temáis a los que matan el cuerpo, mas el alma no pueden matar; temed*
> *más bien a aquel que puede destruir el alma y el cuerpo en el infierno.*
> Mateo 10:28 (RVR 1960)

Otro texto que nos debe llevar a temer más al Señor que a la muerte es:

> *¹⁴ Así que, por cuanto los hijos participan de carne y sangre, él igualmente*
> *participó también de lo mismo, para anular mediante la muerte el poder de*
> *aquel que tenía el poder de la muerte, es decir, el diablo, ¹⁵ y librar a los que por*
> *el temor a la muerte, estaban sujetos a esclavitud durante toda la vida.*
> Hebreos 2:14–15

2. RESUCITÓ DE ENTRE LOS MUERTOS

Hasta aquí hemos estudiado el descenso al Hades. La siguiente línea del Credo explora la resurrección de Jesús. ¿Cómo podemos confiar en que Jesús resucitó? A continuación, analizaremos el porqué Pablo afirma que podemos descansar en la resurrección de Jesús.

> *⁴ que fue sepultado y que resucitó al tercer día, conforme a las Escrituras;*
> *⁵ que se apareció a Cefas y después a los doce; ⁶ luego se apareció a más de*
> *quinientos hermanos a la vez, la mayoría de los cuales viven aún, pero algunos*
> *ya duermen; ⁷ después se apareció a Jacobo, luego a todos los apóstoles, 8 y al*
> *último de todos, como a uno nacido fuera de tiempo, se me apareció también*
> *a mí.*
> 1 Corintios 15: 4–8

2.1. HAY TESTIGOS MÚLTIPLES

La lista que cita Pablo aquí es importante. Si lo dice una persona estamos hablando de una opinión; si lo dicen dos, estamos hablando de un malentendido; si lo dicen tres, estamos hablando de una conspiración; si lo dicen quinientas personas, de los cuales la mayoría están vivos, es un evento/una realidad. Primero a Cefas (=Pedro), después a los doce, luego a 500 y, por último, a Pablo. En un juicio judío se necesitaban varios testigos, pero aquí se habla de algo que sobrepasa cualquier expectativa.

Pablo deja claro que no estamos hablando de una alucinación o visión, porque habla de un momento en el que dejó de ocurrir: *"por último, apareció"*. Algunos argumentan que los discípulos extrañaban profundamente a Jesús y, por lo tanto, tuvieron una ilusión (o alucinación). Lo ilógico de este argumento es que Pablo no tenía ninguna ilusión de ver a Jesús resucitado, pues no anduvo con él antes de la resurrección.

"Donde hay humo hay fuego".

2.2. ¿CÓMO SOBREVIVE UN MOVIMIENTO?

Acabas con el líder y se acaba el movimiento. O lo que pasó entre Chávez y Maduro, normalmente se establece a alguien que continúe la misma línea de pensamiento en su lugar. Siendo este el caso, lo primero que los seguidores hacen es eliminar cualquier escena o evento del historial del personaje, que lleve a los seguidores a perder credibilidad. En el caso del cristianismo, ni se acaba el movimiento, ni se reemplaza a Jesús, ni se le pone maquillaje a los líderes del movimiento. Pedro, por ejemplo, se ve en derrota y crisis frente a la muerte de Jesús, lo cual no se contaría si Jesús no hubiese resucitado y la resurrección hubiese sido una historia inventada por Cefas (=Pedro). Pero como es de conocimiento público que Jesús resucitó, Pablo invita ¡vayan y pregunten!

2.3. ¿QUÉ LES HIZO ACTUAR?

Si hubiese aparecido un cuerpo hubiese sido el fin de la predicación. Sería un movimiento clandestino, principalmente reunido en casas, más no se hubiesen atrevido a predicar ante autoridades y mucho menos, ante los judíos. La resurrección de Jesús es la mejor explicación del porqué la iglesia tomó la forma y dirección que tomó.

Algo dramático tuvo que haber ocurrido, algo como la resurrección, que llevase a que la iglesia primitiva adorara a Dios el primer día de la semana, no guardando el tradicional día de reposo.

III. APLICACIÓN

1. El temor a la muerte nos hace escondernos y **retroceder**, pero ya que Cristo la ha vencido, podemos perseverar y **avanzar**. Esto es importante porque todos queremos mantenernos jóvenes y de eso viven muchas industrias. Parte del porqué queremos mantenernos y sentirnos jóvenes, es porque le tenemos miedo a la muerte. Pero cuando estamos en Cristo, aunque cuidemos de nuestra salud, podemos envejecer con dignidad, sabiendo quién ha vencido la muerte y quién nos espera en la eternidad.

2. El temor a la muerte nos lleva a la **desesperación**, pero la muerte de Jesús nos lleva a **celebrar**. La desesperación no es una virtud cristiana. Hace varios años un grupo de creyentes fue degollado por un grupo de extremistas. Sus familiares, al escuchar la noticia, celebraron que ellos se mantuvieron firmes en su fe y ahora estaban con el Señor.

3. El temor nos hace **temblar**, pero porque Jesús ha vencido podemos **reírnos** y decir: *¿dónde está, oh muerte, tu poder?* ¡Cristo ha vencido! (1 Corintios 15:55).

Cristo cambia, para los cristianos, la manera en la que contamos el tiempo. La vida natural comienza con el nacimiento y termina con la muerte. La vida cristiana es al revés, en nuestro bautismo fuimos sepultados con Cristo. Nuestra vida con Cristo comienza con muerte y termina con vida eterna, no existe la raya en la mitad separando la fecha de nacimiento y de muerte en el epíteto.

IV. PRÁCTICA

Ahora lo invito a que piense y responda estas preguntas:

Afirmar

1. ¿Cuándo perdió su poder el Hades?

....

....

....

....

....

....

....

....

Descansar

2. ¿Siente temor de su propia muerte o de la muerte de algún familiar? Exprésele a Dios sus temores y pídale que le ayude a confiar que tanto su vida terrenal como su vida eterna están en sus manos y que esa verdad le dé paz. Escriba a continuación su oración.

....

....

....

....

....

....

....

....

Rendir

3. ¿Pregúntele a dos o tres amigos o familiares si le temen a la muerte? Comparta cuál es su perspectiva sobre el tema ahora.

....

....

....

....

....

....

....

....

CAPÍTULO 7

ASCENDIÓ AL CIELO Y ESTÁ SENTADO A LA
DERECHA DE DIOS PADRE, TODOPODEROSO

Previamente expusimos que Jesús venció a la muerte. Esto significa que el Hijo que existió con Dios desde la eternidad, fue enviado por el Padre, tomó forma humana en cumplimiento a la promesa de Dios a Israel y a David, murió y resucitó al tercer día conforme a las Escrituras, se apareció a muchos testigos, y se ha sentado en el trono desde donde reina. Su victoria, además de darnos vida, nos asegura que la muerte no nos puede separar de Dios. Pero, tal como lo sigue narrando el Credo, no todo quedó allí, ¿qué privilegios fueron posibles gracias a la ascensión de Cristo? Espero que este capítulo responda esta y otras preguntas.

I. TEXTO

> [32] *A este Jesús resucitó Dios, de lo cual todos nosotros somos testigos.* [33] *Así que, exaltado a la diestra de Dios, y habiendo recibido del Padre la promesa del Espíritu Santo, ha derramado esto que vosotros veis y oís.* [34] *Porque David no ascendió a los cielos, pero él mismo dice: DIJO EL SEÑOR A MI SEÑOR: "SIÉNTATE A MI DIESTRA,* [35] *HASTA QUE PONGA A TUS ENEMIGOS POR ESTRADO DE TUS PIES."* [36] *Sepa, pues, con certeza toda la casa de Israel, que a este Jesús a quien vosotros crucificasteis, Dios le ha hecho Señor y Cristo.*
> Hechos 2:32–36

II. ANÁLISIS

El Credo que hemos estado estudiando se enfoca en gran medida en la persona de Cristo y esto es importante porque (1) la mayoría de las doctrinas que han surgido son una desviación de la persona de Jesús; (2) muchos han matado y hecho cosas terribles en nombre del Señor; (3) un entendimiento más profundo de la obra de Jesucristo nos lleva a una vida de adoración, al entender mejor lo que él ha hecho por nosotros.

El tema de la ascensión es quizá uno de los temas de los que menos hablamos, tampoco aclaramos la razón por la que este evento es importante para nuestra fe. Poniendo la ascensión frente a un caso concreto del día de hoy, por ejemplo, podemos pensar en el gran número de muertos y número en aumento de infectados por la COVID-19, entre otras enfermedades, guerras, desnutrición. Esto nos podría llevar a pensar que todo lo que está pasando es una muestra de que el Señor ascendió, porque, ¿cómo puede estar Dios presente en medio de todo este caos? Shakira en una de sus canciones escribe "Dios hizo al mundo y lo abandonó." Este pensamiento se conoce como deísmo, en el cual se cree en un ser supremo, específicamente un creador, que no interviene en el universo. Dios está arriba ocupado con muchos asuntos y nos ha abandonado.

Hechos 2:32 nos regala dos aspectos cruciales en la resurrección y ascensión de Jesús. Primero, la resurrección muestra que el Padre ha dado su voto de aprobación a Cristo. Durante su ministerio terrenal, Jesús afirma ser el Hijo de Dios y ofrece perdón de pecados, frente a lo cual hay dos posturas que la gente asume: (1) creer en Jesús o (2) ver a Jesús como un blasfemo. La crucifixión fue el voto que la élite—sumos sacerdotes, los líderes del judaísmo y las autoridades romanas—dio a Jesús. Resucitar a Jesucristo de entre los muertos ha sido el veredicto del Padre, revirtiendo así el veredicto de los hombres, y mostrando de qué lado está Dios.

Segundo, la resurrección permite que el Espíritu Santo sea dado a los creyentes. Lucas 3:16 nos recuerda algo importante: *Juan respondió, diciendo a todos: Yo os bautizo con agua; pero viene el que es más poderoso que yo; a quien no soy digno de desatar la correa de sus sandalias; él os bautizará con el Espíritu Santo y fuego.* Sin ascensión, los discípulos no hubiesen podido recibir el Espíritu Santo. Poder recibir el Espíritu es parte de lo novedoso que viene en el nuevo pacto (tal como lo vemos a lo largo del libro de Hechos, el segundo tomo del evangelio de Lucas). De ahí que es necesario que consideremos cinco aspectos importantes de la ascensión de Jesús.

1. LA ASCENSIÓN IMPLICA QUE CRISTO ESTÁ MÁS PRESENTE QUE ANTES

En Filipenses 2, Pablo describe lo siguiente:

> [5] *Haya, pues, en vosotros esta actitud que hubo también en Cristo Jesús,* [6] *el cual, aunque existía en forma de Dios, no consideró el ser igual a Dios como algo a qué aferrarse,* [7] *sino que se despojó a sí mismo tomando forma de siervo, haciéndose semejante a los hombres.* [8] *Y hallándose en forma de hombre, se humilló a sí mismo, haciéndose obediente hasta la muerte, y muerte de cruz.* [9] *Por lo cual Dios también le exaltó hasta lo sumo, y le confirió el nombre que es sobre todo nombre...*
>
> Filipenses 2:5-9

En la semejanza que Jesús tomó (en el momento de la encarnación), aunque era Dios, limitó su omnipresencia, su capacidad de estar en todo lugar al mismo tiempo. Recordemos que, cuando Jesús estaba en Galilea enseñando, las personas tenían que estar ahí para estar con él. Si Jesús estaba en la casa de Lázaro, no lo iban a encontrar en Jerusalén, porque esta era parte de las limitaciones de la encarnación.

El Señor se despojó de su atributo de ser omnipresente al encarnarse (y debemos aclarar que, en su ascensión, no se despojó del cuerpo glorificado con el que resucitó). Jesús recuperó su omnipresencia en la ascensión, lo que le permite estar en todo lugar. Es decir, que la ascensión respalda el cumplimiento de la promesa que estaría todos los días, con nosotros. Era necesaria su ascensión para que él esté en medio de nuestro diario caminar 24/7. Miremos lo que dice el texto en Hechos 7:

> [55] *Pero Esteban, lleno del Espíritu Santo, fijos los ojos en el cielo, vio la gloria de Dios y a Jesús de pie a la diestra de Dios;* [56] *y dijo: He aquí, veo los cielos abiertos, y al Hijo del Hombre de pie a la diestra de Dios.* [57] *Entonces ellos gritaron a gran voz, y tapándose los oídos arremetieron a una contra él.* [58] *Y echándolo fuera de la ciudad, comenzaron a apedrearle; y los testigos pusieron sus mantos a los pies de un joven llamado Saulo.* [59] *Y mientras apedreaban a Esteban, él invocaba al Señor y decía: Señor Jesús, recibe mi espíritu.* [60] *Y cayendo de rodillas, clamó en alta voz: Señor, no les tomes en cuenta este pecado. Habiendo dicho esto, durmió.*
>
> Hechos 7:55-60

Por más que quisiéramos, no podemos tomar un avión rumbo a Jerusalén para encontrarnos con Jesús allí. Jesús ha ascendido a los cielos y se encuentra a la diestra de Dios — un lugar distinto a y muy por encima de, la tierra; un lugar fuera del alcance y la manipulación de los mortales. Para los creyentes, Cristo constituye el nuevo lugar geográfico al que pertenecen. Es interesante que los discípulos viajaron desde Galilea hacia Jerusalén siguiendo a Jesús (Hechos 1:11). Y después de la ascensión, no regresan más a Galilea, no obstante sí siguen conectados con Jesús, quien sigue guiando y controlando el avance de la misión. Jesús está ausente (por eso se necesitan testigos) y al mismo tiempo activo: da el Espíritu, confronta a Saulo y dirige a Esteban al martirio.

Analizando el sermón de Esteban, se puede notar que el contenido no es muy distinto al que expone Pedro en Hechos 2 (lo cual muestra que la iglesia primitiva hablaba de estos temas con frecuencia). Sin embargo, es la visión que Esteban tiene de Jesús a la diestra de Dios lo que lleva a sus oyentes a "taparse los odios" y apedrearlo hasta matarlo. No obstante, la ascensión, saber que Jesús es soberano sobre la muerte y reina sobre el universo, es lo que le permite a Esteban reinterpretar la muerte. El hecho que Jesús ha resucitado y ha ascendido permite a sus discípulos repensar sus circunstancias, les permite tener una visión celestial de la vida terrenal.

Aunque seguir a Jesús en ocasiones nos expone al sufrimiento (y a la misma muerte), estar unidos a Jesús sigue siendo un grandioso privilegio. Efesios 2 dice:

> *4 Pero Dios, que es rico en misericordia, por causa del gran amor con que nos amó, 5 aun cuando estábamos muertos en nuestros delitos, nos dio vida juntamente con Cristo (por gracia habéis sido salvados), 6 y con él nos resucitó, y con él nos sentó en los lugares celestiales en Cristo Jesús...*
> Efesios 2:4-6

Y todos aquellos que pertenecemos a Cristo lo hacemos porque hemos recibido el Espíritu de Cristo.

> *16 Y yo rogaré al Padre, y él os dará otro Consolador para que esté con vosotros para siempre; 17 es decir, el Espíritu de verdad, a quien el mundo no puede recibir, porque ni le ve ni le conoce, pero vosotros sí le conocéis porque* **mora con vosotros y estará en vosotros.**
> Juan 14:16-17

Así que Cristo te ve, sabe lo que sientes, conoce tu soledad, conoce tus temores, porque no está limitado a un lugar geográfico; él está en todo lugar.

Así que, exaltado a la diestra de Dios, y habiendo recibido del Padre la promesa del Espíritu Santo, ha derramado esto que vosotros veis y oís.
Hechos 2:33

En su muerte, Cristo nos dio vida; en su resurrección, conquistó la muerte y nos dio su Espíritu.

2. LA ASCENSIÓN NOS RECUERDA QUE CRISTO ES PODEROSO PARA DERROTAR A SUS ENEMIGOS

[11] Y ciertamente todo sacerdote está de pie, día tras día, ministrando y ofreciendo muchas veces los mismos sacrificios, que nunca pueden quitar los pecados; [12] pero Él, habiendo ofrecido un solo sacrificio por los pecados para siempre, SE SENTÓ A LA DIESTRA DE DIOS, [13] esperando de ahí en adelante HASTA QUE SUS ENEMIGOS SEAN PUESTOS POR ESTRADO DE SUS PIES.
Hebreos 10:11-13

La soberanía de Jesús es tan insuperable que puede estar sentado en su trono y gobernar desde allí toda la creación. Para mí es difícil quedarme sentado mientras mi mente se siente bombardeada por todos los desafíos que tengo en frente. ¡A la mayoría nos toca caminar, correr, tomar aire! Dios lo tiene todo bajo control —alimenta a los gorriones, sostiene las estrellas— mientras se sienta en su trono. Su palabra es tan poderosa y él es tan soberano que no necesita entrar en pánico, correr o preocuparse. Dios está en control. Este texto termina diciendo que todos sus enemigos—corrupción, abuso, maltrato, violación, injusticia—van a ser puestos bajo sus pies.

3. LA ASCENSIÓN NOS RECUERDA LA FIDELIDAD DE CRISTO EN MEDIO DE LAS ADVERSIDADES

Normalmente pensamos en la fidelidad de Cristo exclusivamente en el acto de ir a la cruz; sin embargo, porque Cristo ha resucitado y ha ascendido es que su fidelidad se puede manifestar en el presente. Pablo, en medio de las aflicciones que está soportando, anima a Timoteo:

> [8] *Acuérdate de Jesucristo, resucitado de entre los muertos, descendiente de David, conforme a mi evangelio;* [9] *por el cual sufro penalidades, hasta el encarcelamiento como un malhechor; pero la palabra de Dios no está presa.* [10] *Por tanto, todo lo soporto por amor a los escogidos, para que también ellos obtengan la salvación que está en Cristo Jesús, y con ella gloria eterna.* [11] *Palabra fiel es ésta: Que si morimos con él, también viviremos con él;* [12] *si perseveramos, también reinaremos con él; si le negamos, él también nos negará;* [13] *si somos infieles, él permanece fiel, pues no puede negarse a sí mismo.*
> 2 Timoteo 2:8-13

Pablo comienza mencionando la resurrección de Cristo como aquello que lo fortalece en su sufrimiento. Antes de mencionar el linaje de David, Pablo menciona la resurrección[46]. La fidelidad de Cristo no le evita a Pablo sufrir por el evangelio o estar en cadenas. En este pasaje, Pablo afirma que los creyentes estamos unidos a Cristo a tal punto que si Cristo fuese infiel con nosotros sería ser infiel consigo mismo. Por eso nuestra fidelidad es resultado del obrar de Cristo llevándonos a perseverar. Así como Cristo se mantuvo firme y fiel en su proyecto de ir a la cruz, de la misma manera se mantendrá fiel a todos los que estamos unidos a él. La obra de Cristo no terminó en la cruz, sino que continúa, ya que él sigue caminando con su Iglesia.

Pablo también escribe que Cristo es quien fielmente preserva a su pueblo:

> [16] *Y que nuestro Señor Jesucristo mismo, y Dios nuestro Padre, que nos amó y nos dio consuelo eterno y buena esperanza por gracia,* [17] *consuele vuestros corazones y os afirme en toda obra y palabra buena...*
> 2 Tesalonicenses 2:16-17

4. LA ASCENSIÓN HACE POSIBLE QUE TENGAMOS DONES

Pablo escribe:

> [8] *CUANDO ASCENDIÓ A LO ALTO, LLEVÓ CAUTIVA UNA HUESTE DE CAUTIVOS, Y DIO DONES A LOS HOMBRES.* [9] *(Esta expresión: Ascendió, ¿qué significa, sino que él también había descendido a las profundidades de la tierra?* [10] *El que descendió es también el mismo que ascendió mucho más arriba de todos los cielos, para poder llenarlo todo).*
> Efesios 4:8-10

Los dones de los creyentes en la Iglesia son una evidencia de la victoria de Cristo al ascender. Su victoria garantiza que su pueblo tiene todo lo que necesita para llevar a cabo la misión mientras él regresa.

5. LA ASCENSIÓN NOS RECUERDA QUE CRISTO ESTÁ INTERCEDIENDO

> [31] *Simón, Simón, mira que Satanás os ha reclamado para zarandearos como a trigo;* [32] *pero yo he rogado por ti para que tu fe no falle; y tú, una vez que hayas regresado, fortalece a tus hermanos.*
> Lucas 22:31-32

El corazón de Jesús no estaba atento a sus discípulos mientras iba camino a la cruz y ahora es indiferente al no estar corpóreamente con nosotros. Más bien, como dice el autor de Hebreos *...él también es poderoso para salvar para siempre a los que por medio de él se acercan a Dios, puesto que vive perpetuamente para interceder por ellos* (Hebreos 7:25). La intercesión es parte de la obra salvífica de Cristo. ¿Qué significa que Cristo intercede por nosotros hoy? Hebreos 7:24 claramente dice: *pero él conserva su sacerdocio inmutable puesto que permanece para siempre.* Cristo intercede sobre la base de su obra de expiación en la cruz. Él no nos salvó muriendo en la cruz para luego dejar a ver cómo nos las arreglamos el resto del camino. La intercesión es la apropiación en el presente de la obra salvífica ya completa de Cristo en la cruz. Pablo lo resume claramente en Romanos: [33] *¿Quién acusará a los escogidos de Dios? Dios es el que justifica* [34] *¿Quién es el que condena? Cristo Jesús es el que murió, sí, más aún, el que resucitó, el que además está a la diestra de Dios, el que también intercede por nosotros* (Romanos 8:33-34).

III. APLICACIÓN

Los discípulos disfrutaron por 40 días al Señor después de su resurrección, "una hermosa cuarentena", sin duda esto debió fortalecer su fe. Después de esto, el siguiente paso fue ser testigos de él. Nosotros estuvimos en cuarentena en el 2020 y quizá esto nos ha permitido acercarnos más al Señor y conocerle mejor. El paso que seguirá no será quedarnos mirando el cielo a ver cuándo viene, pues sabemos que él vendrá. Lo que sí debemos hacer es nuestro trabajo de ser testigos de él, en todo lugar, en todo momento, no solo con palabras, sino con nuestras obras, nuestro testimonio en la casa, en el trabajo, en el estudio; porque el Señor es Omnipresente, es de esa forma que habremos comprendido su ascensión.

Recordemos la fidelidad de Cristo y la promesa de su compañía: *He aquí yo estaré con ustedes todos los días hasta el fin* (Mateo 28:20).

IV. PRÁCTICA

Ahora lo invito a que piense y responda estas preguntas:

Afirmar

1. Mencione los cinco aspectos a destacar de la ascensión de Jesús.

....

....

....

....

Descansar

2. ¿Puede identificar los dones que Jesús le ha dado? Haga una lista de ellos y agradézcale por su regalo. Si no sabe identificar los dones que ha recibido del Señor, puede hablar con un un cristiano maduro o un líder de su iglesia para que le oriente al respecto.

....

....

....

....

Rendir

3. Piense en una persona en necesidad a su alrededor, ¿cómo podría servir o ayudar a esta persona usando uno o más de los dones que el Señor le ha dado?

Por ejemplo, si es una persona con dificultades económicas, podría interceder por él usando el don de la oración y compartirle de sus recursos usando el don de la generosidad. Si es una persona postrada en una cama, podría regalarle horas de servicio de ayuda en su casa, usando el don del servicio. Si es una persona con problemas y angustiada, podría escucharle, animarle y acompañarle usando el don de la consejería y/o el del cuidado pastoral.

....

....

....

....

CAPÍTULO 8

JUZGARÁ A LOS VIVOS
Y A LOS MUERTOS

Hemos dicho que Jesús ascendió al cielo y con ello recibimos la promesa del Espíritu Santo y la compañía sin desconocer que un día estaremos de cara ante el Juez que juzgará al mundo por su maldad, ¿qué implicaciones tiene el juicio según la Biblia?, ¿cuáles son las dos realidades que experimentaremos en el juicio? Espero que este capítulo responda estas y otras preguntas.

I. TEXTO

Hechos 10 dice:

> ³⁴ *Entonces Pedro, abriendo la boca, dijo: Ciertamente ahora entiendo que Dios no hace acepción de personas,* ³⁵ *sino que en toda nación el que le teme y hace lo justo, le es acepto.* ³⁶ *El mensaje que él envió a los hijos de Israel, predicando paz por medio de Jesucristo, que él es Señor de todos;* ³⁷ *vosotros mismos sabéis lo que ocurrió en toda Judea, comenzando desde Galilea, después del bautismo que Juan predicó.* ³⁸ *Vosotros sabéis cómo Dios ungió a Jesús de Nazaret con el Espíritu Santo y con poder, el cual anduvo haciendo bien y sanando a todos los oprimidos por el diablo; porque Dios estaba con Él.* ³⁹ *Y nosotros somos testigos de todas las cosas que hizo en la tierra de los judíos y en Jerusalén. Y también le dieron muerte, colgándole en una cruz.* ⁴⁰ *A éste Dios le resucitó al tercer día e hizo que se manifestara,* ⁴¹ *no a todo el pueblo, sino a los testigos que fueron escogidos de antemano por Dios, es decir, a nosotros que comimos y bebimos con él después que resucitó de los muertos.* ⁴² *Y nos mandó predicar al pueblo, y*

> testificar con toda solemnidad que este Jesús es el que Dios ha designado como Juez de los vivos y de los muertos. [43] De éste dan testimonio todos los profetas, de que por su nombre, todo el que cree en él recibe el perdón de los pecados.
> Hechos 10:34-43

II. ANÁLISIS

El tema del juicio de Dios es uno de los que la gente ve con recelo. ¿Cómo es posible que Dios vaya a juzgar? Además de esto, pensamos en el juicio como algo negativo por dos razones:

1. Nos fastidia tener que dar cuentas por nuestros actos, especialmente en nuestros días cuando el concepto de autoridad está subvalorado. El libro de Apocalipsis nos recuerda que Dios es nuestro creador. Apocalipsis 4:10-11 bien dice:

> [10] Los veinticuatro ancianos se postran... y adoran..., diciendo: [11] Digno eres, Señor y Dios nuestro, de recibir la gloria y el honor y el poder, porque tú creaste todas las cosas, y por tu voluntad existen y fueron creadas.

A nosotros tal vez nos parezca una mala noticia el juicio de Dios porque tener que darle cuentas al Creador estorba nuestro libertinaje. Dios nos creó con un diseño y un propósito y ese Dios es también nuestro juez.

2. Nos parece que es una contradicción que Dios sea amoroso y, al mismo tiempo, desate su ira y juicio. Pero, en sí el juicio de Dios debe producir regocijo. Claramente, en un mundo lleno de dictadores, guerras brutales, gobiernos corruptos, dispuestos a someter a sus pueblos al hambre y la pobreza, un Dios que ama es un Dios que juzga. Él no es indiferente al crimen, a la violencia y al pecado.

Espero que nuestro estudio de esta línea del Credo nos permita ver el tema del juicio desde otra perspectiva.

1. CRISTO ES EL JUEZ PERFECTO

Es interesante notar que en las últimas elecciones de nuestros países la gente generalmente ha estado votando por el candidato que consideran el mal menor. Tal vez, por eso la mayoría de los países en el mundo siguen llenos de corrupción. Por ejemplo, en el 2017, el director del departamento anticorrupción en Colombia va a la cárcel, paradójicamente, por corrupción (noticia 2017). Vivimos en un mundo en el que todos hemos contribuido con sistemas y prácticas que promueven la injusticia.

Sin embargo, esto no ocurre en el Reino de Dios, pues él tiene al candidato perfecto para juzgar a los vivos y a los muertos, alguien que no es nuevo en esto porque ha existido desde el principio y le ha puesto orden a todo lo que conocemos y no conocemos. Como está escrito en Juan 8:58:

Jesús les dijo: En verdad, en verdad os digo: antes que Abraham naciera, yo soy.

Jesús tiene un pasado judicial limpio; un historial perfecto, veraz en todo lo que dice. El juez que Dios ha puesto nunca se ha tenido que retractar de algún veredicto que haya dado.

Porque no tenemos un sumo sacerdote que no pueda compadecerse de nuestras flaquezas, sino uno que ha sido tentado en todo como nosotros, pero sin pecado.
Hebreos 4:15

Y al no tener pecado, no teme juzgar a nadie. Cristo puede confrontar las naciones porque no tiene temor a verse envuelto en su propia injusticia. Como dice el dicho "se puede acercar a la candela porque no tiene rabo de paja". No tiene cuentas pendientes, ni le debe favores a nadie. Ningún partido político, banco o empresa financió su campaña, sino que fue exaltado por el Padre hasta lo sumo. Él es el juez perfecto.

La resurrección de entre los muertos es evidencia de que Cristo fue vindicado, es decir, él es quién había dicho que era. Si hubiese sido un farsante, no hubiese habido resurrección para él, sino que en la tumba estarían sus huesos.

Porque él ha establecido un día en el cual juzgará al mundo en justicia, por medio de un Hombre a quien ha designado, habiendo presentado pruebas a todos los hombres al resucitarle de entre los muertos.
Hechos 17:31

¿Acaso no es esto lo que necesitamos en un juez?, un juez que juzgue con justicia, que no sea sobornable, que sea justo. Para ello se necesita alguien que lo conozca todo. Si así fuese hoy, no habría cientos de personas en la cárcel juzgados inocentemente. En Netflix hay una serie llamada "Proyecto Inocencia" que muestra las tragedias de personas condenadas injustamente. Algunos han sido sentenciados a 60 años de cárcel, que al paso de cumplir 30 de su pena se dan cuenta que eran inocentes.

Según la serie, tres causas crean un mal juicio: (1) mal uso de las pruebas forenses, (2) falsos testimonios y (3) corrupción en el proceso por parte de los funcionarios públicos.

Al pensar en injusticias, José, el hijo de Jacob, es un caso que viene a mi mente. José vivió diferentes atropellos: sus hermanos lo vendieron como esclavo y más adelante, la esposa de su amo lo acusó falsamente de querer violarla. José estuvo en prisión ilegítimamente. Sin embargo, Dios no lo desamparó en medio de esas injusticias. Cuando David pecó por cometer adulterio, esto desencadenó una serie de pecados: mentira, asesinato y encubrimiento. Como resultado, Dios le recordó a través del profeta Natán la gravedad de su falta. Aunque David se arrepintió, este acto trajo consecuencias. Las obras que hizo David en privado no fueron ignoradas por los ojos del Juez omnipresente. La injusticia que se cometió contra Urías Heteo, el esposo traicionado, el militar engañado por su comandante, no fue ajena al Señor, sino que el Juez hizo justicia.

El libro de Apocalipsis nos recuerda que Jesús es el juez justo:

> ...Y todas las iglesias sabrán que yo soy el que escudriña las mentes y los corazones, y os daré a cada uno según vuestras obras.
> Apocalipsis 2:23

Aquí tenemos a un juez al que nadie puede sobornar, a quien nadie tiene que convencer (porque lo sabe todo). Cristo no tiene que escuchar a miles de testigos para descifrar la verdad. Sus ojos son más profundos que los rayos que auscultan nuestros equipajes al pasarlos en los aeropuertos. Y si nuestra preocupación es que Dios sea injusto, tengamos por seguro que él juzgará con justicia, mucho mejor que lo que nosotros—mortales, con una visión limitada y pequeña—lo podremos hacer.

2. NECESITAMOS QUE HAYA UN JUICIO DE LOS VIVOS Y MUERTOS

La visión que tenemos generalmente con respecto a Dios es que es alguien que está escogiendo personas para enviar al infierno a unos y para salvar a otros; alguien que tiene una libreta y toma apuntes para castigarnos por cada una de las cosas que hacemos, perdiendo de vista que el juicio es necesario y que debe producir en nosotros alegría.

> Alégrense y canten con júbilo las naciones, porque tú juzgarás a los pueblos con equidad, y guiarás a las naciones en la tierra.
> Salmo 67:4

[11] Alégrense los cielos y regocíjese la tierra; [13] delante del SEÑOR, porque Él viene; porque Él viene a juzgar la tierra: juzgará al mundo con justicia y a los pueblos con su verdad.
Salmo 96:11, 13

Los pueblos de la tierra se alegran porque (1) "la manifestación de la justicia y la verdad le ponen fin al engaño, la seducción y la ilusión...las celebridades y los grandes emprendedores verán desde la perspectiva de Dios su éxito"; (2) "Dios vindica al oprimido"; y (3) "Dios es el Rey soberano sobre toda la tierra que finalmente pone las cosas en su lugar"[47]. Las parábolas de Jesús describen cómo el juicio final revela y reversa las condiciones condiciones. Jeremias lo expone así:

> Lo que está escondido es manifiesto (Mateo 10:26), los pobres son ricos (Lucas 6:20), los últimos son los primeros (Marcos 10:31), los pequeños son grandes (Mateo 18:4), los hambrientos son saciados (Lucas 6:21), los cansados encuentran descanso (Mateo 11:28), los que lloran se reirán (Lucas 6:21), los que están de luto serán consolados (Mateo 5:4), los enfermos serán sanados, los ciegos recibirán la vista, los paralíticos caminarán, los leprosos serán limpiados y los sordos oirán (Mateo 11:5), ...los humillados serán exaltados (Mateo 23:12; Lucas 13:11; 18:14), ...los muertos viven (Mateo 11:5)[48].

El juicio tiene dos implicaciones, como lo veremos a continuación.

2.1. LEGAL

Porque todos nosotros debemos comparecer ante el tribunal de Cristo, para que cada uno sea recompensado por sus hechos estando en el cuerpo, de acuerdo con lo que hizo, sea bueno o sea malo.
2 Corintios 5:10

El juicio no será una lotería, sino que habrá un criterio que Dios usará para juzgar. Para eso nos ha dejado su ley.

[19] Ahora sabemos que lo que dice la ley es para los que tienen la ley. Se acabaron las excusas, todo el mundo está bajo el juicio de Dios [20] porque nadie consigue ser aprobado por actos de obediencia a una ley. La ley sólo nos muestra nuestro pecado.
Romanos 3:19-20

2.2. SOCIAL

El juicio es necesario porque es imposible que el mundo esté en el estado que tanto anhelamos sin que haya juicio. En el Antiguo Testamento Dios manifestaba su juicio con su pueblo que conocía su ley, sacando de en medio de ellos a quienes infringían algunas normas, por ejemplo, el adulterio, hijos desobedientes, entre otros que morían apedreados para mostrar la gravedad del pecado. Es como el cirujano que, mediante un proceso quirúrgico, extrae el miembro que está causando la enfermedad. Y en el caso del cáncer, antes de que haga metástasis. Es necesario remover lo que está dañado; de lo contrario, termina dañando lo que está sano.

Tal como lo dice Joshua Ryan Buttler:

> No podemos pedir que venga la luz sin que sean expulsadas las tinieblas. No podemos pedir que venga restauración y que la destrucción continúe. Sería pedir una contradicción. Dios excluye el pecado de su reino como un acto de su bondad, no porque es malvado, sino porque es necesario[49].

El mundo necesita este juicio: en una eternidad sin juicio no habría paz, amor, verdad, armonía. Se tiene que excluir a algunos del grupo. Por ejemplo, en tiempos de pandemia, se pide que la gente se aparte de los demás por el bienestar de la sociedad. En la Biblia, por ejemplo, Dios excluyó a Adán y Eva; el juicio trae la exclusión de la presencia y la bendición de Dios, que estaban presentes también en el Edén.

3. LA REALIDAD DEL JUICIO

El día en que el Señor regrese, lo hará de sorpresa, como un ladrón. La tierra y todas las obras que hay en ella quedarán expuestas ante Dios (2 Pedro 3:10 PDT).

El día del Señor es una realidad que como cristianos debemos tener presente en nuestras vidas. La injusticia parece no tener fin, pero diferentes textos bíblicos nos recuerdan que el día del Señor llegará y será real.

> *En el día en que, según mi evangelio, Dios juzgará los secretos de los hombres mediante Cristo Jesús.*
> Romanos 2:16 (LBLA)

3.1. SERÁ UN DÍA PARA EXTERMINAR EL PECADO QUE HAY EN NOSOTROS

> [13] *La obra de cada uno se hará evidente; porque el día la dará a conocer, pues con fuego será revelada; el fuego mismo probará la calidad de la obra de cada uno.* [14] *Si permanece la obra de alguno que ha edificado sobre el fundamento, recibirá recompensa.* [15] *Si la obra de alguno es consumida por el fuego, sufrirá pérdida; sin embargo, él será salvo, aunque así como por fuego.*
>
> 1 Corintios 3:13-15

Dios nos permitirá ver nuestra vida, desde su perspectiva, y veremos qué edificamos sobre el fundamento y qué fue una pérdida de tiempo y una mala inversión de nuestro esfuerzo. Ahí usted comprobará lo que hizo mal y lo que hizo bien. Y ese proceso será parte del obrar de Dios en nuestra glorificación, al pasar a un estado sin pecado.

3.2. SERÁ UN DÍA PARA SANAR Y DEJAR ATRÁS LAS GRANDES OFENSAS QUE MARCARON NUESTRAS VIDAS Y RELACIONES CON OTROS:

> *Amados, nunca os venguéis vosotros mismos, sino dad lugar a la ira de Dios, porque escrito está: MÍA ES LA VENGANZA, YO PAGARÉ, dice el Señor.*
>
> Romanos 12:19

> *Porque después de todo, es justo delante de Dios retribuir con aflicción a los que os afligen.*
>
> 2 Tesalonicenses 1:6

Ese día habrá justicia para todos aquellos que han sido asesinados, violados, secuestrados, han sido desplazados, y los victimarios se han salido con la suya. Ninguno se escapará de ese gran día. Si la persona no tiene a Jesús, el abogado defensor (1 Juan 2:1), lamentablemente estará en grandes aprietos. En aquel día todos los asuntos interpersonales sin resolver serán resueltos. Así que habrá sanidad en nuestras relaciones.

4. EL CARÁCTER JUSTO Y SANTO DE DIOS

La justicia de Dios refleja también su carácter de santidad, el cual no admite injusticia.

> [12] *Y vi a los muertos, grandes y pequeños, de pie delante del trono, y los libros fueron abiertos; y otro libro fue abierto, que es el libro de la vida, y los muertos fueron juzgados por lo que estaba escrito en los libros, según sus obras…* [15] *Y el que no se encontraba inscrito en el libro de la vida fue arrojado al lago de fuego.*
>
> Apocalipsis 20:12, 15

Los creyentes salimos bien librados del juicio porque estamos vestidos con la justicia de Cristo y, por eso, no hay condenación para quienes están en él (Romanos 8:1). Pablo le escribe a los Corintios: *el cual también os confirmará hasta el fin, para que seáis irreprensibles en el día de nuestro Señor Jesucristo* (1 Corintios 1:8). Este día escucharemos el veredicto oficial de Dios de nuestra justificación. "No es una inspección obra por obra, sino que se tiene en mente el patrón completo de la vida de una persona"[50]. "La justificación no es solo un veredicto de exoneración, sino una relación con Dios en las que las personas han experimentado el poder de Dios obrando"[51], un proceso de santificación. Por eso se nos pide que seamos santos, para reflejar la justicia y santidad de Dios. Esto no es posible en nuestras propias fuerzas, somos incapaces de cumplir tan alto estándar. Por eso es necesario mirar a la cruz, recordar que solo por medio de Jesús obtenemos justificación. El caminar diario con Jesús debe llevarnos a ser más justos con nuestro prójimo (cónyuge, familiares, hijos, compañeros de estudio y de trabajo). Cuando los cristianos experimentan juicio en esta vida, es una manifestación de la bondad de Dios que busca su arrepentimiento y la restauración (1 Corintios 5:1–5). Dios es fiel en completar lo que ha comenzado.

Es importante tener en mente que *con él está su galardón, y delante de él su recompensa* (Isaías 40:10; 62:11). La recompensa es disfrutar de la presencia de Dios en un mundo que ha pasado por el justo juicio de Dios.

III. APLICACIÓN

Habrá dos emociones el día del juicio. Ese día, los creyentes revisaremos nuestras obras. Las obras serán de suma importancia, ya que estas son producidas por la actuación del Espíritu Santo en la vida del creyente. Las obras son como el fruto de un árbol: revelan su esencia y su verdadera naturaleza. Para los creyentes, este será un día de gran gozo, mientras que para aquellos que no viven bajo el señorío de Cristo, será un día terrible. Pero, no porque Dios sea terriblemente malo. Por el contrario, Dios envió a su Hijo para que hubiera salvación a través de él. Sin embargo, la humanidad ha decidido dar la espalda a Dios, ha decidido no rendirse a Cristo, según ellos, para mantener su libertad. Así que Dios no será injusto con su juicio, simplemente le dará a la humanidad lo que ha amado y lo que ha escogido. C.S. Lewis bien dice: "Los condenados son, en cierto sentido, exitosos, rebeldes al fin. Las puertas del infierno están cerradas por dentro... Allí disfrutarán para siempre de la horrible libertad que tanto habían exigido; así que ellos mismo se han esclavizado"[52].

IV. PRÁCTICA

Ahora lo invito a que piense y responda estas preguntas:

Afirmar

1. ¿Qué implica para su peregrinaje de fe conocer la justicia de Dios?

....

....

....

....

....

Descansar

2. Cristo es el juez justo. ¿Tiene alguna causa personal que quiera traer delante de él? Escríbala a continuación y exprese en oración sus sentimientos al respecto de la misma.

....

....

....

....

....

....

....

Rendir

3. ¿Cuáles injusticias que oprimen su comunidad/barrio/país anhela que sean erradicadas?

....

....

....

....

....

....

....

Hasta aquí, el credo se ha centrado en la obra del Padre; y de manera extensiva se ha enfocado en la obra de Cristo. En resumen, ser adoptados, redimidos, fructíferos, santificados y perdonados son manifestaciones de la unión del creyente con Cristo. Pero aún nos faltan cimientos por establecer, para que tengamos una imagen más clara de los pilares que sostienen nuestra fe. Podríamos decir que estar en Cristo es equivalente a estar en el Espíritu y a ser miembros de la comunidad del pacto. Cuando en el Nuevo Testamento se habla de estar unidos a Cristo, se asume que el Espíritu Santo hace una obra en la vida de aquellas personas que son adoptadas: ellas también son incorporadas dentro de la vida de la comunidad de la Iglesia. Y es en estos dos aspectos, "el Espíritu" y la "Iglesia", en los que nos enfocaremos en las siguientes líneas.

CAPÍTULO 09

CREO EN EL ESPÍRITU SANTO

Hemos dicho que Cristo como juez justo juzgará al mundo. Ese día experimentaremos la libertad del pecado y toda injusticia llegará a su fin. Mientras tanto, seguimos caminando con Cristo bajo el poder del Espíritu Santo, pero, ¿qué faltaría a nuestra vida si no tuviéramos al Espíritu Santo? ¿Es el Espíritu Santo vital u opcional? Espero que este capítulo responda estas y otras preguntas.

I. TEXTO

> [7] *Pero yo os digo la verdad: os conviene que yo me vaya; porque si no me voy, el Consolador no vendrá a vosotros; pero si me voy, os lo enviaré.* [8] *Y cuando él venga, convencerá al mundo de pecado, de justicia y de juicio;* [9] *de pecado, porque no creen en mí;* [10] *de justicia, porque yo voy al Padre y no me veréis más;* [11] *y de juicio, porque el príncipe de este mundo ha sido juzgado.* [12] *Aún tengo muchas cosas que deciros, pero ahora no las podéis soportar.* [13] *Pero cuando él, el Espíritu de verdad, venga, os guiará a toda la verdad, porque no hablará por su propia cuenta, sino que hablará todo lo que oiga, y os hará saber lo que habrá de venir.* [14] *Él me glorificará, porque tomará de lo mío y os lo hará saber.* [15] *Todo lo que tiene el Padre es mío; por eso dije que él toma de lo mío y os lo hará saber.*
>
> Juan 16:7-15

II. ANÁLISIS

El Credo comienza con el Padre, habla de Cristo y ahora se enfoca en el Espíritu Santo. Hay que aclarar que en este apartado no podemos hablar sobre todo lo que se puede decir del Espíritu Santo. En el texto base para nuestro estudio (Juan 16:7-15), encontramos que hay una obra del Espíritu para que una persona pueda venir a Cristo: él convence al mundo de pecado, de justicia y de juicio. En el Antiguo Testamento se habla de cómo el Espíritu crea (Salmo 33:6), renueva/regenera vidas (Ezequiel 36:26), empodera a los líderes (Isaías 11:2), da habilidades especiales a los hombres y da creatividad en toda clase de arte (Éxodo 35:30-33), renueva la tierra y mantiene en orden el cosmos (Salmo 104:30). La realidad es que necesitaríamos un libro completo (o varios) para registrar todo lo que la Escritura dice sobre la obra del Espíritu.

En este estudio abordaremos brevemente cómo la Escritura resalta la obra vital del Espíritu en la vida del creyente. Tal vez nos preguntamos: ¿por qué la Escritura hace mucho más énfasis en el Padre y en el Hijo? No es porque el Espíritu Santo no sea Dios o no sea importante, sino que el Espíritu Santo es como el fotógrafo de la familia: él no está ausente; más bien, sin él, no habría foto. En el trabajo de inspirar las Escrituras (de tomar la foto), el Espíritu Santo enfoca el lente en Cristo (a través de quien el ser humano encuentra redención) y en cómo la obra de Cristo reconcilia al ser humano con el Padre.

El Espíritu Santo es esencial. Sin él, el ser humano no podría ver la necesidad de salvación. Muchos intentamos vivir una vida sobrenatural sin deleitarnos en los recursos espirituales que el Espíritu Santo nos permite disfrutar.

1. LA VIDA SIN EL ESPÍRITU SANTO ES MISERABLE PORQUE...

1.1. SIN ÉL NO HAY PODER

> *Y he aquí, yo enviaré sobre vosotros la promesa de mi Padre; pero vosotros, permaneced en la ciudad hasta que seáis investidos con poder de lo alto.*
> Lucas 24:49

Lucas escribe dos libros en el Nuevo Testamento: El evangelio de Lucas y Hechos de los Apóstoles. Tan pronto leemos las primeras líneas de Hechos, Lucas escribe: *recibiréis poder cuando haya venido sobre vosotros el Espíritu Santo.*

Imaginemos que se va la energía en la casa, se va la luz. Todo está oscuro, no se puede hacer nada: no hay acceso a internet porque nada funciona, el celular se descarga, todo lo que está en la nevera empieza a descomponerse. Usted busca una vela, pero no encuentra nada porque necesita luz. Sin el Espíritu Santo no se puede vivir la vida cristiana: no se puede vivir una vida de testimonio porque se necesita poder (valentía, denuedo y gozo) para soportar el sufrimiento y la aflicción. Todas estas capacidades son el resultado del fruto del Espíritu en nosotros.

1.2. SIN ÉL NO HAY CONSUELO

El evangelio predicado es una proclamación externa, no obstante, el Espíritu Santo afirma estas verdades internamente en el corazón. Todo lo que ocurría en el Antiguo Testamento externa y temporalmente, la circuncisión física, por ejemplo, eran sombra de lo que el Espíritu Santo haría en el creyente de manera interna y permanentemente, como la circuncisión del corazón, por ejemplo. Lo que Cristo hizo **por** nosotros, el Espíritu Santo lo hace **en** nosotros. Por ejemplo, a los que creen en Cristo les ha sido dado el derecho de ser hijos de Dios (Juan 1:12), pero el Espíritu Santo toma esta obra que Cristo ha hecho y la hace vida en nosotros: el Espíritu Santo clama dentro de nosotros Abba Padre (Gálatas 4:6). El Espíritu Santo te convence de que las promesas de Dios son verdad para ti, no para otros. No es de sorprendernos entonces que a veces se hable del Espíritu como el Espíritu de Cristo, pues sin Cristo, el Espíritu no haría ninguna obra en el creyente y sin el Espíritu nadie podría creer en Cristo (1 Corintios 12:3). La fe que nos permite creer en el Padre y el Hijo es un regalo. Este tipo de fe está fuera del alcance humano y, por lo tanto, es recibida por gracia y es generada por el Espíritu.

El Espíritu es el Consolador, pero, ¿cómo nos consuela? Lo hace tomando la esperanza que viene de la victoria de Cristo y la infunde en nosotros (Juan 16:13–15).

1.3. SIN ÉL NO HAY GOZO

La felicidad es un sentimiento que viene cuando las cosas están saliendo como queremos. La felicidad es un sentimiento controlado por aspectos externos y, por lo tanto, es de corta duración. El gozo, por el contrario, es un fruto del Espíritu que se desarrolla justo en tiempos de sufrimiento. Este gozo viene de conocer a Dios. Como explicamos en el capítulo "Dios Padre todopoderoso creador del cielo y de la tierra", un ídolo es algo o alguien a quien vamos en busca de lo que solo Cristo nos puede suplir. Un ídolo es más que una estatua que se adora en templos, son substitutos y salvadores que suplantan al verdadero Dios en el corazón de los hombres. Los ídolos toman distintas formas: aprobación, la búsqueda desmedida de éxito y dinero, el sexo ilícito, la búsqueda insaciable de placer y comida, la obsesión con cierta persona o cosa. El problema es que pensamos que si tenemos estas cosas vamos a resolver nuestros problemas más profundos (valor, estatus, propósito), los cuales vienen solo de una relación con Cristo, en donde Dios es Dios en nuestras vidas. Los grandes problemas y ansiedades que tiene el ser humano vienen de no reconocer que Dios es Dios, o de decirlo con la boca sin vivirlo verdaderamente.

Por ejemplo, si Dios no es Dios, siempre tenemos que defendernos y justificarnos cuando nos atacan y permanentemente estaremos en cada situación buscando nuestra gloria, limpiando nuestro nombre. Pero si Dios es Dios, él nos defiende y pelea por nosotros. Mi preocupación es Su gloria, y Dios se encargará de lo demás. El Espíritu Santo enciende la luz que se encuentra apagada para ver las riquezas de Su gloria. Por eso la oración de Pablo por los hermanos en Éfeso es:

> [17] pidiendo que el Dios de nuestro Señor Jesucristo, el Padre de gloria, os dé espíritu de sabiduría y de revelación en un mejor conocimiento de él. [18] Mi oración es que los ojos de vuestro corazón sean iluminados, para que sepáis cuál es la esperanza de su llamamiento, cuáles son las riquezas de la gloria de su herencia en los santos.
>
> Efesios 1:17-18

La falta de gozo nos hace poco atractivos para el mundo. Una vida sin el Espíritu es una vida "sin poder", "sin consuelo" y "sin gozo", lo cual equivale a una vida miserable.

2. LA VIDA CON EL ESPÍRITU ES MARAVILLOSA PORQUE...
2.1. ÉL NOS SELLA

> Y no entristezcáis al Espíritu Santo de Dios, por el cual fuisteis sellados para el día de la redención.
>
> Efesios 4:30

La motivación principal para que el creyente se arrepienta debe ser no querer entristecer al Espíritu Santo.

El Espíritu nos sella. El sello era la confirmación de que un documento era genuino. La forma en la que sabes que perteneces a Dios es por el Espíritu Santo.

> Sin embargo, vosotros no estáis en la carne sino en el Espíritu, si en verdad el Espíritu de Dios habita en vosotros. Pero si alguno no tiene el Espíritu de

Cristo, el tal no es de él.
Romanos 8:9

2.2. ÉL NOS ENSEÑA

Nosotros asociamos la enseñanza con algo aburridor, es como ir a esa clase de historia a la que muchos no disfrutaban asistir. Pero no es a eso a lo que se refiere Cristo cuando dice:

²⁵ Estas cosas os he dicho estando con vosotros. ²⁶ Pero el Consolador, el Espíritu Santo, a quien el Padre enviará en mi nombre, él os enseñará todas las cosas, y os recordará todo lo que os he dicho.
Juan 14:25-26

El Espíritu Santo hace que la Palabra de Dios nos sepa a miel; el Espíritu nos lleva a que la Palabra de Dios conecte en nuestro corazón; el Espíritu produce sed para desear relacionarme con Dios. Ser enseñado por el Espíritu no es como ir a una clase, sino como quien come un gran banquete en una fiesta de bodas.

2.3. ÉL NOS LLENA DE PODER

"Soy pecador y Cristo murió por mí" es solo parte del regalo de Dios. La otra mitad es que aparte de salvarnos, el Espíritu Santo ahora viene a hacernos santos. Aunque en la obra de santificación participa Dios en su plenitud[53], el Espíritu Santo es quien reside en el creyente. Es la obra del Espíritu la que nos llena de poder para participar activamente en el cambio de Dios en nuestra vida. A diferencia de quienes promueven la autoayuda, el Espíritu promueve una vida en dependencia de Dios que nos permite vivir en santidad: él crea nuevos deseos, aspiraciones, obediencia e inclinaciones. Como parte de la nueva vida del Espíritu en nosotros tenemos un apetito por conocer a Dios. El Espíritu Santo permite que haya un cambio real y permanente.

Tenemos una mente gobernada por el Espíritu (Romanos 8:6), nos permite enfrentar la batalla contra nuestra carne que antes no era posible (Romanos 8:13-14), aparte de poder disfrutar de la paternidad de Dios (Romanos 8:15-17). Las experiencias espirituales no salvan, pero sí oxigenan nuestra relación con Dios. Permítanme ilustrarlo de la siguiente manera: una pareja adinerada de una iglesia decide regalar a una pareja de recién casados una luna de miel en un hotel cinco estrellas. Los recién casados eran de un pueblo y nunca habían pensado estar en un lugar de este tipo. La pareja llega al hotel, se registran en la recepción. Alguien los acompaña, cargan sus maletas, usa la tarjeta y abre la habitación. El hombre pregunta a la pareja: ¿quieren que les enseñe su habitación? Ellos, no queriendo dar la impresión de que era su primera experiencia en un hotel así, dijeron que no. La pareja durmió su primera noche. La mañana siguiente, la mujer que hacía el aseo se asustó al encontrarlos justo al abrir la puerta. La mujer les dijo: "¿por qué se quedaron en la antesala y no pasaron la noche en su habitación?" Ella abrió otra puerta con la tarjeta y les mostró el jacuzzi, las fresas y las rosas que adornaban la cama donde iban a pasar su primera noche. La pareja de recién casados se miró y suspiraron, al ver que no aprovecharon todo por lo que otros habían pagado en el regalo. De la misma manera, Cristo pagó en la cruz para que disfrutemos de vida abundante, para que el Espíritu haga en nosotros lo que Cristo hizo por nosotros. Si vivimos una vida miserable o carente de vitalidad espiritual no es problema del evangelio, sino de no sacar tiempo y tener como prioridad vivir en el Espíritu.

III. APLICACIÓN

¿Qué debemos hacer?

1. NECESITAMOS NACER DE NUEVO: JUAN 3:3

Nosotros leemos los 10 mandamientos, el Sermón del monte y tal vez pensamos que sería ideal vivir en ese tipo de comunidad. El Espíritu no solo nos permite el nuevo nacimiento, sino que también comienza una obra que no termina. No estoy hablando de saber versículos bíblicos y recitarlos de memoria, me refiero a un nuevo nacimiento, saber que el poder de Dios está obrando en usted.

> [25] 'Entonces os rociaré con agua limpia y quedaréis limpios; de todas vuestras inmundicias y de todos vuestros ídolos os limpiaré. [26] 'Además, os daré un corazón nuevo y pondré un espíritu nuevo dentro de vosotros; quitaré de vuestra carne el corazón de piedra y os daré un corazón de carne. [27] 'Pondré dentro de vosotros mi espíritu y haré que andéis en mis estatutos, y que cumpláis cuidadosamente mis ordenanzas. [28] 'Habitaréis en la tierra que di a vuestros padres; y seréis mi pueblo y yo seré vuestro Dios.
> Ezequiel 36:25-28

Si no es así, debs orar y pedir a Dios que le dé un nuevo nacimiento, un nuevo corazón.

2. SER LLENO DEL ESPÍRITU SANTO

[18] Y no os embriaguéis con vino, en lo cual hay disolución, sino sed llenos del Espíritu, [19] hablando entre vosotros con salmos, himnos y cantos espirituales, cantando y alabando con vuestro corazón al Señor; [20] dando siempre gracias por todo, en el nombre de nuestro Señor Jesucristo, a Dios, el Padre; [21] sometiéndoos unos a otros en el temor de Cristo.
Efesios 5:18-21

Necesitamos constantemente ser llenos del Espíritu Santo. Dios quiere que tengamos vidas influenciadas, dirigidas por el Consolador. Cuando pensamos en "ser llenos" estamos pensando en la idea de un vaso que se llena con agua. Creemos erróneamente que antes de salir de la casa, se debe pedir al Señor que nos llene de su Espíritu (y ya está). Lo interesante del pasaje de Efesios es que la llenura del Espíritu viene a través de la vida en comunidad, de la edificación que viene a través de los dones que otros tienen, de la Palabra de Cristo que debe abundar en nosotros, incluyendo la obediencia y el sometimiento a Dios y a su voluntad.

3. DISFRUTAR LA COMUNIÓN DEL ESPÍRITU

El Espíritu Santo es una persona, no una cosa ni una fuerza. El Espíritu usa las Escrituras que inspiró con el fin de guiarnos y renovarnos para que seamos conformados a la imagen de Cristo. En ese caminar, él lo exhorta, lo anima, lo impulsa a hacer cosas y le recuerda otras que debe hacer. Por ejemplo, ayudar económicamente a esta persona o a esta misión. O, por ejemplo, perdonar y caminar la milla extra en una relación difícil. La vida consiste en disfrutar la comunión con el Espíritu.

IV. PRÁCTICA

Ahora lo invito a que piense y responda estas preguntas:

Afirmar

1. ¿Cómo esta lección le ha ayudado en su comprensión de la obra del Espíritu Santo?

....

....

....

....

....

....

....

....

Descansar

2. Piense en un momento en el que el Espíritu Santo le ha impulsado a vivir la vida que en sus fuerzas no ha podido vivir y escríbalo a continuación.

....

....

....

....

....

....

....

Rendir

3. La Escritura afirma que el Espíritu Santo convencerá al mundo de pecado, de justicia y de juicio. Piense en alguien que necesite ser convencido de estas cosas y ore pidiendo que el Espíritu Santo haga su obra en esta persona.

CAPÍTULO 10

CREO EN LA IGLESIA UNIVERSAL
Y LA COMUNIÓN DE TODOS LOS SANTOS

Hemos dejado por sentado que sin el Espíritu Santo no tendríamos poder, no hallaríamos consuelo y no experimentaríamos el gozo de ser hijos de Dios. El Espíritu Santo es vital para el creyente porque lo sella, le enseña y lo llena de poder. Todos estos regalos han sido dados para vivirlos como miembros del cuerpo de Cristo. Sin embargo, ¿cómo es posible que la Iglesia sea tan imperfecta si se supone que está compuesta por personas renovadas por Jesús? Espero que este capítulo responda esta y otras preguntas.

I. TEXTO

[11] *Recuerden que ustedes no nacieron como judíos, quienes se llaman a sí mismos «circuncidados» y los llamaban a ustedes «no circuncidados», pero la circuncisión es sólo algo que ellos se hacen en el cuerpo.* [12] *Recuerden que ustedes no tenían a Cristo: no eran ciudadanos de Israel, no tenían nada que ver con los pactos ni con las promesas de Dios. Ustedes vivían sin Dios en el mundo y sin ninguna esperanza.* [13] *Pero ahora, unidos a Jesucristo ya no están lejos de Dios porque la muerte[a] de Cristo los acercó a Dios.* [14] *Cristo nos trajo la paz y es quien nos ha unido a todos en un solo pueblo. Antes, los judíos y los que no son judíos se odiaban y estaban divididos como si un muro los separara, pero Cristo murió para derrumbar ese muro de odio.* [15] *La ley tenía muchos mandamientos y normas, pero Cristo acabó con esa ley para que los dos grupos se conviertan en un solo pueblo con él, y así hizo la paz.* [16] *Cristo*

> *murió en la cruz y con su muerte terminó la enemistad entre los pueblos, hizo que todos estuvieran en paz con Dios y que fueran un solo cuerpo.* ¹⁷ *Él vino y proclamó la paz tanto a ustedes que estaban lejos de Dios como a los que estaban cerca de él.* ¹⁸ *Por medio de Cristo todos podemos acercarnos al Padre en el mismo Espíritu.* ¹⁹ *Por lo tanto, ustedes los que no son judíos, ya no son inmigrantes ni exiliados, sino ciudadanos junto con el pueblo santo y forman parte de la familia de Dios.* ²⁰ *Ustedes los creyentes son esa casa, construida sobre una base sólida formada por los apóstoles y profetas, siendo Cristo mismo la piedra más importante de la construcción.* ²¹ *Todo el edificio se mantiene unido debido a él, quien hace que crezca y se convierta en un templo santo para el Señor.* ²² *Gracias a Cristo, ustedes y los judíos forman parte del mismo templo donde vive Dios a través del Espíritu.*
>
> Efesios 2:11-22 (NVI)

II. ANÁLISIS

El Credo fue escrito antes de que existiera la Iglesia católica y la Iglesia protestante. Por católica se hace referencia a la Iglesia universal. La Iglesia está constituida por personas de distintas culturas, lenguas, naciones y familias. "Los santos" es un lenguaje que usa la Escritura para referirse a quienes han puesto su fe en Cristo y como resultado de ese intercambio, disfrutan de esa posición que Cristo les ha dado.

Ser creyente implica que uno debe creer en la Iglesia. Muchas personas aceptan que creen en Dios, pero muchos tienen problemas con la Iglesia. Y cuando uno piensa en la Iglesia, hay muchos motivos de gozo: parejas a punto de un divorcio que son restauradas, el cuidado de la vida desde el nacimiento hasta la muerte; caminar con personas a quienes el sufrimiento ha golpeado brutalmente. Sin embargo, en nombre de Cristo, se han conquistado tierras, matado personas. Y, lamentablemente, uno de los grandes peligros es que la Iglesia ha dejado de ser un cuerpo, un organismo vivo y se ha vuelto una institución (siendo esta un área importante mas no determinante de lo que somos).

Se necesita honestidad con respecto al estado de la Iglesia y, al mismo tiempo, poder creer en ella. Justo González lo expresa así:

> Creer en la iglesia no es lo mismo que decir creer en el Padre, Jesús y el Espíritu Santo. De lo contrario caeríamos en idolatría... es en la Iglesia que experimentamos fe... la fe no es un asunto privado, siempre es algo comunitario[54].

Eso es lo que espero que podamos abordar y comprender en este estudio.

1. LO QUE LA IGLESIA HA SIDO LLAMADA A SER

1.1. LA IGLESIA ES UN GRUPO DE CIUDADANOS Y UNA FAMILIA

Hay un estatus que compartimos que nos une, en donde los lazos se puedan estrechar. La Iglesia es una familia donde los que están solos pueden encontrar amor, sienten que pertenecen y están al mismo nivel que todos los demás; donde los que han sido abusados y dañados pueden ser restaurados; donde el excluido y rechazado encuentra hermanos. La Iglesia es una familia en la que todos sus miembros han sido adoptados por el Padre.

1.2. LA IGLESIA ES UN TEMPLO SANTO, LA MORADA DE DIOS

En la reunión del pueblo de Dios es donde comprobamos y experimentamos su presencia. El Espíritu Santo no habita en edificios hechos por manos de hombres, sino en vidas reconstruidas por la obra redentora del Hijo de Dios. Las catedrales se construían para reflejar la grandeza del dios que se adoraba en tal lugar. Es decir, la comunidad de creyentes refleja al mundo que Dios está presente. Lo que hace a la Iglesia ser lo que es, es que Dios está en medio de ella como pueblo.

Justo González explica que:

> Cuando hablamos de la tierra santa, con relación a Jerusalén, no estamos diciendo que no hay guerras, terrorismo o injusticia. Estamos diciendo que es la tierra a la que Abraham y Sara fueron llamados; es el lugar desde donde José fue a Egipto y a donde regresó él y su familia al salir de allí; fue donde Samuel escuchó la voz de Dios. Esta también es la tierra de Pedro, María, Santiago. Es el lugar donde Jesús caminó y sobre el cual derramó su sangre. De la misma manera, cuando decimos que la Iglesia es santa no estamos hablando de su pureza moral sino del Dios que la habita. Esta es la comunidad a la que Pedro, Pablo y muchos mártires han testificado con su propia sangre. Esta es la comunidad que Apocalipsis dice que no se podía contar (Apocalipsis 7:9)[55].

1.3. LA IGLESIA ES UN LUGAR DE CONSTRUCCIÓN DE RELACIONES

En el mundo que vivimos hay mucha hostilidad: judíos vs. gentiles, los de la ciudad vs. los del pueblo, ricos vs. pobres, blancos vs. negros, de izquierda vs. derecha, empleados vs. empleadores. Hay una tendencia en el corazón del ser humano hacia la hostilidad. La identidad de una persona depende tanto de la exclusión como de la inclusión. Yo soy de los Jiménez, no de los López. Es decir, yo soy esto en tanto que no soy aquello. El punto es dividir entre ellos y nosotros para así entender quién soy yo.

En ocasiones, la hostilidad se muestra en las matanzas. A un nivel menor, nosotros podemos maquillar la hostilidad, evitando a ciertas personas, aislándonos de los demás. La realidad es que hay gente que nos cae bien, muy bien; y gente que nos cae mal, muy mal. Nosotros creamos muros, polarizamos (blanco o negro), satanizamos a los que no son como nosotros. Tristemente la hostilidad se ve desde la guardería hasta el ancianato, pero en un mundo dividido, el evangelio tiene buenas nuevas de reconciliación y comunión (y de esto hablaré al final de este capítulo).

¿A qué nos referimos con la comunión de todos los santos? La comunión de todos los santos puede significar tres cosas: (1) la comunión que tenemos con creyentes en todos los tiempos y lugares; (2) la disposición a compartir nuestros bienes con quienes tienen necesidad; (3) y el compartir cosas sagradas, como los sacramentos (el bautismo, una fe, un Padre).

2. EL PODER PARA SER IGLESIA

> [13] Pero ahora en Cristo Jesús, vosotros, que en otro tiempo estabais lejos, habéis sido acercados por la sangre de Cristo. [14] Porque él mismo es nuestra paz, quien de ambos pueblos hizo uno, derribando la pared intermedia de separación, [15] aboliendo en su carne la enemistad, la ley de los mandamientos expresados en ordenanzas, para crear en sí mismo de los dos un nuevo hombre, estableciendo así la paz, [16] y para reconciliar con Dios a los dos en un cuerpo por medio de la cruz, habiendo dado muerte en ella a la enemistad. [17] Y VINO Y ANUNCIÓ PAZ A VOSOTROS QUE ESTABAIS LEJOS, Y PAZ A LOS QUE ESTABAN CERCA; [18] porque por medio de él los unos y los otros tenemos nuestra entrada al Padre en un mismo Espíritu.
> Efesios 2:13-18

El efecto del evangelio es que Cristo destruye la separación entre ellos y nosotros y nos hace uno. El hecho que Cristo murió por ambos, nos pone a todos—ricos y pobres, blancos y negros, de izquierda y de derecha—en el mismo bote. Aunque continúan las diferencias culturales, estas no son lo más importante en nuestra vida; estas no son las que determinan quiénes somos y cómo nos relacionamos con otros. Solo el evangelio permite que en la Iglesia se acabe la hostilidad y podamos experimentar una renovación continua. La Iglesia es santa y universal.

Es la consciencia de que todos necesitamos ser reconciliados con Dios y con el prójimo lo que nos permite tener misericordia frente a las falencias del otro. Es el evangelio lo que diferencia a la Iglesia de cualquier otro grupo social, ya que trato a quien no luce igual a mí físicamente, a quienes no comparten mi punto de vista en todos los aspectos, a quien no tiene mis mismos intereses y a quien me ha agraviado con la misma gracia que de Dios he recibido. El piso al pie de la cruz es plano y, por lo tanto, todos recibimos Su gracia para luego entregarla.

Pablo en Efesios 2:10 dice que somos un poema. Y no es porque seamos perfectos, sino porque todos somos un cántico que alaba a Dios porque desde que llegó a nuestra vida hay un antes y un después. Todos tenemos nuestras vidas en reconstrucción. La resurrección de Cristo desafía a los poderes y principados que tenían esclavizado al mundo, y gracias a la resurrección, el mundo es un lugar diferente: el poder del pecado y de los ídolos ha sido quebrado; ya somos una nueva humanidad, somos nuevas creaturas. Dios nos ha salvado para ser auténticos seres humanos, así que, con nosotros, la Iglesia, Dios comenzó su plan de traer y restaurar todas las cosas bajo Cristo (Efesios 1:10). Cristo vino a restaurar a las personas al propósito para el que fueron creadas: vivir en todos los aspectos de la vida en obediente y devota sumisión a él. Desde la vocación en la que Dios nos ha puesto, somos parte del proyecto de Dios para rehumanizar al mundo.

Claro está, la Escritura no maquilla la realidad de la Iglesia. En Efesios 5, Pablo escribe:

> [26] *Dice para santificarla, habiéndola purificado por el lavamiento del agua con la palabra,* [27] *a fin de presentársela a sí mismo, una iglesia en toda su gloria, sin que tenga mancha ni arruga ni cosa semejante, sino que fuera santa e inmaculada.*
> Efesios 5:26-27

El Señor habla con claridad sobre el estado actual de aquellos que conforman su Iglesia (incluidos tú y yo). Algunos optan por no participar, aislarse, juzgar la Iglesia, resaltar todos sus problemas. "Es que esta gente no entiende", dicen algunos. Todas estas son versiones de la división "ellos y nosotros", lo cual no soluciona el problema.

Es en estas relaciones que el carácter se forma y nuestro proceso de santificación es posible. Efesios 2:20-22 habla de un proceso de construcción:

Primero, en la arquitectura antigua, las piedras no eran todas del mismo tamaño. El punto no es que todos nos vistamos igual, el punto es lo que todos juntos representamos: nuestra existencia como Iglesia es una proclamación a los poderes de la victoria de Cristo (Efesios 3:10). Segundo, Cristo es la piedra angular; él es quien sostiene el edificio. La gente en el mundo ve al otro como una transacción: yo te doy y tú me das. En el reino, yo, al darte, recibo, porque somos hermanos. Siempre nuestras preferencias, nuestro dolor, nuestras incomodidades van a querer levantar muros. Es por esto que Efesios 2 presenta a la Iglesia como una realidad establecida y en construcción, en la que el evangelio de Jesucristo sigue rompiendo la hostilidad, sigue añadiendo miembros y sigue llevando a que la Iglesia crezca en santidad. Tercero, cuando uno piensa en la idea de ser familia, anima. Después de todo, por más difícil que sea la familia, sigue siendo el núcleo vital del que extraemos nuestro valor, procedencia y estatus.

Así que la Iglesia es un monumento a la victoria de Cristo y el instrumento que Dios usa para traer unidad en un mundo que está quebrado. En la Iglesia, nuestra esperanza no está en la Iglesia (como institución) sino en Cristo. [22] *Y todo sometió bajo sus pies, y a él lo dio por cabeza sobre todas las cosas a la iglesia,* [23] *la cual es su cuerpo, la plenitud de aquel que lo llena todo en todo* (Efesios 1:22-23).

III. APLICACIÓN

Aunque es difícil ser un miembro de la Iglesia de Cristo, este es el lugar en el que otros comparten mi historia: Cristo murió por mí y, al hacerlo, partió mi vida en dos. Estaba muerto y ahora tengo vida; estaba lejos y ahora estoy cerca; estaba separado de Dios y ahora soy su lugar de residencia. Hay propósitos superiores al estar juntos: mostrar la gloria de Cristo al mundo. Eso merece venir continuamente a la cruz para que él siga rompiendo los muros que se quieren levantar como resultado del pecado.

La vida en el mundo no es fácil. Y a veces llegamos a pensar que sería mucho más cómoda sin la Iglesia. Sin embargo, la Iglesia es el lugar en el que puedo encontrar recursos para vivir la vida cristiana y en donde edifico a otros con los dones y recursos que Dios me ha dado. Usted puede decir conmigo: creo en la Iglesia universal.

IV. PRÁCTICA

Ahora lo invito a que piense y responda estas preguntas:

Afirmar

1. Escriba las razónes por las que la Iglesia es un grupo especial.

....

....

....

....

....

....

Descansar

2. ¿Está frustrado por algunas situaciones en su iglesia local? Descríbalas brevemente. Piense, ¿confía en el poder de Dios para perfeccionar la obra que ha comenzado ahí?

....

....

....

....

....

....

Rendir

3. ¿Conoce alguna congregación que sea de escasos recursos?, ¿se animaría a liderar una iniciativa en la que su iglesia apoye de alguna manera a esta otra? Hay muchas maneras en las que se puede expresar ese apoyo: ofreciendo capacitación para sus líderes, uniéndose en campañas de acción social o en eventos para los miembros, dando apoyo económico, por ejemplo.

....

....

....

....

....

....

CAPÍTULO 11

YO CREO EN EL PERDÓN
DE PECADOS

En el capítulo anterior expusimos que la Iglesia es ese grupo de personas que conforman una familia, cuyos miembros son la morada del Espíritu Santo. A pesar de eso, vivimos en un mundo caído y en una sociedad en la que hay relativismo moral, lo cual hace necesario que nos preguntemos: ¿Qué es pecar? ¿Qué significa ser perdonado? Espero que este capítulo responda estas y otras preguntas.

I. TEXTO

21 Pero ahora, aparte de la ley, la justicia de Dios ha sido manifestada, atestiguada por la ley y los profetas; 22 es decir, la justicia de Dios por medio de la fe en Jesucristo, para todos los que creen; porque no hay distinción; 23 por cuanto todos pecaron y no alcanzan la gloria de Dios, 24 siendo justificados gratuitamente por su gracia por medio de la redención que es en Cristo Jesús, 25 a quien Dios exhibió públicamente como propiciación por su sangre a través de la fe, como demostración de su justicia, porque en su tolerancia, Dios pasó por alto los pecados cometidos anteriormente, 26 para demostrar en este tiempo su justicia, a fin de que él sea justo y sea el que justifica al que tiene fe en Jesús.
Romanos 3:21-26

II. ANÁLISIS

El hombre vive en una constante búsqueda de la causa de todos sus males. Las muertes originadas por la COVID-19, se le atribuyen a teorías conspirativas; la violencia intrafamiliar se explica con el estrés; los daños ambientales son por causa del consumismo. Pero, no se dan cuenta de que estos son síntomas de un problema mayor: El pecado. Este ingresó un día a la humanidad, y desde entonces ha traído estos males. El pecado es un veneno que se ha extendido y, a su paso, va haciendo daño. Similar a lo que sucede con la COVID-19, el pecado afecta e infecta todo a su paso: deteriora la salud, aísla, encierra, mata, acaba con las relaciones personales, fomenta la pobreza y la desigualdad. Nosotros no podemos ser ingenuos y desconocer su poder, tampoco podemos desconocer que, a diferencia de la COVID-19, para lo que aún no hay cura (Octubre 2020), el pecado ya la tiene. Por eso el mensaje de este estudio es importante: nuestros muchos pecados han sido perdonados.

1. LA REALIDAD DEL PECADO

> *Por cuanto todos pecaron y no alcanzan la gloria de Dios.*
> Romanos 3:23

El apóstol Pablo claramente habla de un flagelo que nos ha separado de Dios. Por eso, es de gran utilidad leer lo que nos dice Romanos 1:18-25:

> [18] *Porque la ira de Dios se revela desde el cielo contra toda impiedad e injusticia de los hombres, que con injusticia restringen la verdad;* [19] *porque lo que se conoce acerca de Dios es evidente dentro de ellos, pues Dios se lo hizo evidente.* [20] *Porque desde la creación del mundo, sus atributos invisibles, su eterno poder y divinidad, se han visto con toda claridad, siendo entendidos por medio de lo creado, de manera que no tienen excusa.* [21] *Pues aunque conocían a Dios, no le honraron como a Dios ni le dieron gracias, sino que se hicieron vanos en sus razonamientos y su necio corazón fue entenebrecido.* [22] *Profesando ser sabios, se volvieron necios,* [23] *y cambiaron la gloria del Dios incorruptible por una imagen en forma de hombre corruptible, de aves, de cuadrúpedos y de reptiles* [24] *Por consiguiente, Dios los entregó a la impureza en la lujuria de sus corazones, de modo que deshonraron entre sí sus propios cuerpos;* [25] *porque cambiaron la verdad de Dios por la mentira, y adoraron y sirvieron a la criatura en lugar del Creador, quien es bendito por los siglos. Amén.*

El pecado se evidencia en dos formas:

1. Suprimiendo la verdad: Sabemos que hay una manera en la que debemos vivir, pero escogemos hacer lo contrario. Pablo dice que el ser humano es responsable, no solo porque somos humanos o debido a nuestra naturaleza pecaminosa, sino porque de la misma en la que ocurrió con Adán, todos hemos escogido pecar (Romanos 5:12). El ser humano no desea vivir conforme al modelo de Dios. Como dijo Pablo: *en busca de ser sabios, se vuelven necios* (Romanos 1:22).

2. Cambiando la gloria de Dios por una mentira o idolatría: ¿Qué perdió el ser humano al cambiar la gloria de Dios? Nubló sus ojos, se desvió de su meta que era alabar a Dios con todo su ser. Al sobrepasar los límites de Dios se ha hecho daño a sí mismo, a su prójimo, a su entorno y a la relación con su Creador. Como dijo Pablo: *nadie busca a Dios* (Romanos 3:11).

El resto de la carta afirma lo siguiente respecto al pecado:

1. Entró al mundo a través de la primera pareja:

> *12 Por tanto, tal como el pecado entró en el mundo por un hombre, y la muerte por el pecado, así también la muerte se extendió a todos los hombres, porque todos pecaron. 13 pues antes de la ley había pecado en el mundo, pero el pecado no se imputa cuando no hay ley. 14 Sin embargo, la muerte reinó desde Adán hasta Moisés, aun sobre los que no habían pecado con una transgresión semejante a la de Adán, el cual es figura del que había de venir.*
> Romanos 5:12-14

2. El pecado tiene poder/control sobre el ser humano: El pecado esclaviza al ser humano (Juan 8:34). Es como la cadena de un preso que lo controla, que no le da libertad.

Muchas personas se preguntan, ¿dónde está Dios en un mundo lleno de guerras, dolores y enfermedades? Sería mejor iniciar preguntándonos si conocemos la gravedad del pecado. Si no reconocemos la gravedad del pecado, tampoco veremos la necesidad del perdón de Dios.

> *9 ¿Entonces qué? ¿Somos nosotros mejores que ellos? De ninguna manera; porque ya hemos denunciado que tanto judíos como griegos están todos bajo pecado; 10 como está escrito: NO HAY JUSTO, NI AUN UNO; 11 NO HAY QUIEN ENTIENDA, NO HAY QUIEN BUSQUE A DIOS; 12 TODOS SE HAN DESVIADO, A UNA SE HICIERON INÚTILES; NO HAY QUIEN HAGA LO BUENO, NO HAY NI SIQUIERA UNO.*
> Romanos 3:9-11

La liberación del cristiano [del poder del pecado] es como ser trasladado del frío helado a una habitación cálida. El calor es la fuerza decisiva: no se puede revertir. En este sentido, el cristiano no debe temer a la ira venidera, ya que está libre de ella. Pero cuando alguien se para frente al fuego o un radiador caliente, la persona todavía sufre de focos de frío en los dedos de los pies u otras articulaciones, aunque sabe que eventualmente se calentarán por completo. *"El pecado no se enseñoreará más de ti"* (Romanos 6:14). Pero en el presente, tanto el calor como el frío todavía ejercen una influencia. [Y por eso], el pecado en el cristiano puede provocar desilusión e ira, así como confianza y amor[56].

Una vez que hemos llegado a la conversión, al nuevo nacimiento, se afirma que "estamos en Cristo", un nuevo gobierno o territorio en el que se encuentra el creyente. Antes de ese momento, estábamos bajo el poder del pecado, un territorio o gobierno que ejercía poder y dominio sobre nosotros, con el cual felizmente vivíamos en complicidad. Ahora en Cristo, vivimos en un continuo conflicto en el que somos llamados a estar firmes (Efesios 6:10).

2. EL PERDÓN DE DIOS

Ya que todos pecaron, todos necesitan el perdón de Dios. Pablo habla de varias dimensiones que tiene el perdón de Dios:

> [23] *Por cuanto todos pecaron y no alcanzan la gloria de Dios,* [24] *siendo justificados gratuitamente por su gracia por medio de la redención que es en Cristo Jesús,* [25] *a quien Dios exhibió públicamente como propiciación por su sangre a través de la fe, como demostración de su justicia, porque en su tolerancia, Dios pasó por alto los pecados cometidos anteriormente,* [26] *para demostrar en este tiempo su justicia, a fin de que él sea justo y sea el que justifica al que tiene fe en Jesús.*
> Romanos 3:23-26

El pecado nos deja en deuda. Y perdonar es:

1. Cristo paga legalmente nuestra deuda—justificación (v.24);
2. Cristo paga monetariamente nuestra deuda—redención (v.24);
3. Cristo remueve el obstáculo que nos impedía acercarnos a Dios—propiciación (v.25).

Nosotros asumimos que Dios puede simplemente perdonarnos y ya está. Pensemos en alguien que va de visita a una casa y rompe una lámpara de la sala.

Hay dos formas de arreglar el asunto. Quien dañó la lámpara paga o el dueño de casa deja el asunto así. Ahora, cuando el agraviado decide dejar así, dos cosas están ocurriendo: o bien se queda sin lámpara y en oscuridad o va al almacén y compra una lámpara nueva. Hay una afectación para quien decida asumir la deuda por el daño. En este caso, Dios fue quien recibió toda la afectación al asumir nuestra deuda, no nos dejó sin luz.

2.1. JUSTIFICACIÓN (V.24)

Para Dios perdonarnos tiene que remover de nosotros la culpa y así declararnos justos. Hay una consecuencia legal.

Al que no conoció pecado, le hizo pecado por nosotros, para que fuéramos hechos justicia de Dios en él.
2 Corintios 5:21

El perdón se dio cuando Cristo tomó nuestro lugar. Es como si estuviésemos frente a una corte, completamente en silencio y con la mirada hacia el suelo, sabiendo que es cierto todo de lo que se nos acusa. Y justo cuando nos van a dar la sentencia, alguien viene y dice que él toma el pago de esa condena, dejándonos así en libertad ¡Increíble, pero cierto! Ser justificados es ser declarados justos delante de Dios; ser legalmente exonerados en la corte divina, sobre la base de lo que Jesús hizo en nuestro lugar. Es importante notar que algunos textos apuntan a la libertad del dominio del pecado que el creyente ahora disfruta como resultado de la obra de justificación, por ejemplo, Romanos 6:7-8: *porque el que ha muerto, ha sido libertado* (de la raíz griega *dedikaiōtai*) *del pecado. Y si hemos muerto con Cristo, creemos que también viviremos con él.* En este texto, ser justificado es ser liberado/rescatado del pecado y ahora poder disfrutar de la unión con Cristo.

2.2. REDENCIÓN (V.24)

Cada vez que pecamos se incrementa la deuda, es como si hiciéramos una compra con la tarjeta de crédito, con la diferencia que nunca pagamos ni una sola cuota. La redención significa que con su vida Cristo pagó por nuestra deuda.

[13] Y cuando estabais muertos en vuestros delitos y en la incircuncisión de vuestra carne, os dio vida juntamente con él, habiéndonos perdonado todos los delitos, [14] habiendo cancelado el documento de deuda que consistía en decretos contra nosotros y que nos era adverso, y lo ha quitado de en medio, clavándolo en la cruz.
Colosenses 2:13-14

Esas deudas se vuelven un obstáculo en nuestra relación con Dios. Algo similar sucede cuando uno sabe que le debe dinero a alguien. Lo que ocurre es que tratamos de evitarlo o si nos encontramos con la persona irremediablemente nos sentiremos incómodos. Lo que ha hecho Cristo es pagar, no con plata ni oro, sino con su vida, para que fuésemos perdonados.

Cada vez que pecamos hay un hueco en nuestra cuenta que nos deja en la quiebra. Si no pudimos pagar lo que debíamos antes, mucho menos ahora que la deuda es mayor. Cuando confiamos en Cristo experimentamos libertad, porque nuestra deuda ha sido perdonada. Así que podemos disfrutar de su presencia sin que nada nos haga sentir incómodos, gracias a la obra de Cristo. Ser perdonados significa que la deuda ha sido cancelada. Cristo no solo pagó nuestra deuda, no solo nos sacó del déficit, sino que también puso crédito en nuestra cuenta. Gracias a su obra: oramos en su nombre, el Espíritu habita en nosotros y podemos acercarnos al Padre.

2.3. PROPICIACIÓN

El pecado nos impedía acercarnos al Padre; algo muy grande, entre él y nosotros lo obstaculizaba. El acto de propiciación tiene que ver con la iniciativa de Dios de remover ese obstáculo y reconciliarnos con él.

Al Cristo ponerse en nuestro lugar, la paga del pecado (muerte) ha sido quitada de nosotros y, a su vez, la ira que vendría sobre nosotros como resultado.

> *Entonces mucho más, habiendo sido ahora justificados por su sangre, seremos salvos de la **ira** de Dios por medio de él.*
> Romanos 5:9

El problema del pecado es que sustituimos a Dios por otras cosas. Una de las frases emblemáticas de John Stott dice: "pecar es que el hombre se pone en el lugar de Dios; la salvación es que Dios se ha puesto en el lugar del hombre".

> [37] *Al oír esto, compungidos de corazón, dijeron a Pedro y a los demás apóstoles: Hermanos, ¿qué haremos?* [38] *Y Pedro les dijo: Arrepentíos y sed bautizados cada uno de vosotros en el nombre de Jesucristo para perdón de vuestros pecados, y recibiréis el don del Espíritu Santo.*
> Hechos 2:37-38

La vida cristiana trae gozo, pues estamos en libertad. Jesús habla de libertarnos del dominio del pecado. Si no hubiese el perdón por los pecados, siempre tendríamos terror a Dios por el castigo merecido por los mismos; siempre estaríamos dándonos látigo por no dar la talla; siempre estaríamos pensando que Dios en todo momento está desagradado con nosotros. En cambio, ahora, podemos obedecerlo por el gozo de su salvación.

Hasta ahora, hemos visto cómo la obra de Cristo nos permite ser perdonados. Sin embargo, el texto de Romanos nos habla de un tercer aspecto importante.

3. LA AFRENTA A DIOS

En Romanos 3:21-26, Pablo nos habla de la gloria de Dios. El comportamiento de la humanidad deshonra la imagen del Dios en cuya imagen han sido creados, incluyendo a Israel, el pueblo que tenía su ley, y a través del cual serían benditas las familias de la tierra. ¿Cómo puede Dios bendecir las naciones cuando estas merecen su maldición y su castigo? En los versículos 25 y 26, Pablo dice explícitamente que en Cristo se mostró la justicia de Dios. Gracias a su sacrificio, las naciones pueden ver la gloria de Dios. Tal como lo dice Jackson Wu, el sacrificio de Cristo "es un acto centrado en Dios. Jesús muere por Dios y, través de Cristo, Dios mantiene las promesas del pacto y promueve la justicia en la creación"[57].

Una de las maneras de comprobar que alguien o algo es valioso para nosotros es si estamos dispuesto a sufrir por ellos. La reputación de Dios es algo por lo que Cristo ve que es necesario morir y ser fiel, algo que tanto Israel como el resto de la humanidad no valoró.

Adjunto a este documento (Apéndice 2) encontrará información con la que puede ampliar el entendimiento de la sustitución.

III. APLICACIÓN

Tu pecado es grande pero la misericordia de Dios es mayor. Hay más gracia en Cristo que pecado en nosotros.

IV. PRÁCTICA

Ahora lo invito a que piense y responda estas preguntas:

Afirmar

1. ¿Por qué es importante para un hijo de Dios creer en el perdón de pecados?

....

....

....

....

....

....

Descansar

2. ¿Hay algún aspecto de la gracia y el perdón que le cuesta creer/aceptar? ¿Cuál?
Escriba tres acciones prácticas con las que pueda empezar a tener más fe en ello.

....

....

....

....

....

....

Rendir

3.¿Tiene alguna deuda pendiente con alguien que necesita saldar? ¿A quién o qué
necesita perdonar? Escriba cómo se siente al respecto de la situación. Los siguientes
textos le pueden ayudar a entender mejor cómo extender el perdón a los demás:
Mateo 6:14-15; 18:21-35.

....

....

....

....

....

....

CAPITULO 12

CREO EN LA
RESURRECCIÓN DEL CUERPO

En el capítulo anterior dijimos que el pecado y sus estragos en el mundo son reales, al igual que el perdón de Jesús, quien nos justifica y nos redime. Pero, ¿viviremos en esta lucha contra el pecado aun en la eternidad? ¿Sabe la diferencia entre resucitación y resurrección? ¿En qué consiste la renovación del cuerpo en la resurrección? Espero que este capítulo responda estas y otras preguntas.

I. TEXTO

> ¹² Ahora bien, si se predica que Cristo ha resucitado de entre los muertos, ¿cómo dicen algunos entre vosotros que no hay resurrección de muertos? ¹³ Y si no hay resurrección de muertos, entonces ni siquiera Cristo ha resucitado; ¹⁴ y si Cristo no ha resucitado, vana es entonces nuestra predicación, y vana también vuestra fe. ¹⁵ Aún más, somos hallados testigos falsos de Dios, porque hemos testificado contra Dios que él resucitó a Cristo, a quien no resucitó, si en verdad los muertos no resucitan. ¹⁶ Pues si los muertos no resucitan, entonces ni siquiera Cristo ha resucitado; ¹⁷ y si Cristo no ha resucitado, vuestra fe es falsa; todavía estáis en vuestros pecados (lo que pasó el Viernes Santo no tuvo ningún efecto)*. ¹⁸ Entonces también los que han dormido en Cristo han perecido (se han quedado dormidos)*. ¹⁹ Si hemos esperado en Cristo para esta vida solamente, somos, de todos los hombres, los más dignos de lástima.
>
> 1 Corintios 15:12-19

*La notas entre paréntesis son añadidura del autor del libro.

II. ANÁLISIS

Basados en el texto de 1 Corintios 15 algunos dicen que nosotros no vamos a resucitar de entre los muertos. Básicamente, Cristo resucitó, pero nosotros no. Afirmar esto tiene varias implicaciones, entre ellas, si no hay resurrección, entonces lo que hay frente a nuestros ojos es todo lo que hay. Si esto es así, hay que tomarse ciertas libertades. Esta manera de pensar cierra la cortina y no permite que miremos a través de la ventana de la eternidad. Es la ventana abierta la que nos ayuda a vivir con fidelidad a Dios en tiempos de tentación en el presente.

Es necesario que diferenciemos dos términos que pueden traer confusión: resucitación y resurrección. Tanto el Antiguo Testamento como el Nuevo Testamento nos presentan milagros de resucitación, por ejemplo, en el Nuevo Testamento encontramos los relatos de Lázaro, la hija de Jairo, Tabita. En cada caso, la persona regresa al estado en el que se encontraba antes de morir. Cuando alguien está a punto de morir por una enfermedad de la que padece por años decimos: "quedó solo el rastro de lo que era". Una resucitación es volver al estado en el que estaba antes de haber muerto.

En la resurrección de los cuerpos (que es a la que se hace referencia en el Credo de los Apóstoles), nuestro cuerpo terrenal será el rastro de lo que seremos. Tal como lo explica Daniel 12:2-3: *2 Y muchos de los que duermen en el polvo de la tierra despertarán, unos para la vida eterna, y otros para la ignominia, para el desprecio eterno. 3 Los entendidos brillarán como el resplandor del firmamento, y los que guiaron a muchos a la justicia, como las estrellas, por siempre jamás.* Observando el texto de Daniel, N.T. Wright comenta que será "un nuevo modo de existencia [en el que] seremos levantados a un estado de gloria en el mundo para el cual el mejor paralelo será el estatus de las estrellas, la luna y el sol, en el orden creado"[58]. En el Antiguo Testamento se puede ver la idea de la resurrección, por ejemplo, Daniel 12 y Ezequiel 37, como algo que ocurriría en el último día cuando Dios restauraría su gobierno en Israel. Es decir, no sería solo una resurrección individual sino colectiva. La sorpresa es que Cristo resucita en la mitad de la historia, inaugura la restauración del reino, mientras nosotros seguimos esperando la resurrección (no resucitación) de nuestros cuerpos en aquel día.

1. LA IMPORTANCIA DE NUESTRA RESURRECCIÓN DE ENTRE LOS MUERTOS

La Escritura pone gran énfasis en el cuerpo y que de hecho se haga de él una mención en el Credo. Nuestros cuerpos no son solo vehículos que nos transportan aquí en la tierra. Dios nos dio estos cuerpos porque ellos moldean la manera en la

CREO EN LA RESURRECCIÓN DEL CUERPO

que percibimos y nos relacionamos con el mundo exterior. Es a través de nuestros cuerpos que vemos, olemos, palpamos. Nuestros cuerpos ayudan a definir nuestra identidad. Y es por lo que sentimos que le hace falta a nuestros cuerpos que vienen muchos de nuestros complejos. El bullying generalmente está asociado con alguna característica, color o forma que tiene nuestro cuerpo. Muchos tienen complejos por su cuerpo y piensan "si fuese más alto, más bajito, mi nariz fuese así, entonces estaría pleno". Esto sin mencionar cómo la bulimia y la anorexia distorsionan la visión de un individuo de sí mismo, especialmente esta última lleva a muchos a la muerte.

Es cierto que la Escritura afirma que nuestra respuesta al regalo de nuestros cuerpos debe ser el que presenta el salmista:

> *13 Porque tú formaste mis entrañas; me hiciste en el seno de mi madre. 14 Te alabaré, porque asombrosa y maravillosamente he sido hecho; maravillosas son tus obras, y mi alma lo sabe muy bien.*
> Salmo 139:13-14

La realidad es que son pocas las personas que se miran al espejo y se sienten satisfechas con lo que ven, razón por la que las fotos y los videos tienen filtros que modifican nuestra apariencia ante los demás. Algunos ya han comenzado a darse cuenta que no tienen las mismas fuerzas que cuando tenían 15 años, y su vida se ha reducido a quejarse, recordando lo fuertes que eran sus cuerpos en el pasado. Muchos viven con un dolor constante en la columna o en las piernas. Algunos se deprimen al ver la caída del cabello y de los dientes. De un momento a otro, ven y experimentan el deterioro. La gran cantidad de cirugías plásticas, cremas para prevenir el envejecimiento, el dinero invertido en los gimnasios, revelan que nuestro cuerpo es un motivo de preocupación.

Últimamente, el debate en nuestra sociedad también tiene que ver con el cuerpo. La historia de la humanidad presenta que el sexo biológico con el que una persona nace determina si es hombre o mujer. Recientemente, algunos afirman que el cuerpo con el que nacimos no determina lo que somos y, por eso, separan el sexo (asignado en el nacimiento) del género (se construye socialmente)[59]. Así las cosas, para quienes no se sienten identificados con el sexo de su cuerpo, el cuerpo es una prisión que dicta las normas a las que involuntariamente una persona se tiene que someter[60].

2. LA RESURRECCIÓN DEL CUERPO REDIME NUESTRAS MALAS EXPERIENCIAS CON EL MISMO

Como ya lo mencioné antes, nuestro cuerpo es nuestro principal instrumento para relacionarnos con el mundo exterior, percibir, comprender la realidad y llegar al conocimiento de algo. El poder de la resurrección da la bienvenida a una vida sin limitaciones. El ciego verá. El mudo hablará. El paralítico andará. Todos van a poder usar sus cuerpos a plenitud. El milagro que muchos tal vez están esperando será una realidad en la resurrección de nuestros cuerpos.

El poder de la resurrección redime el atropello contra nuestro cuerpo. El cuerpo está directamente involucrado en violaciones, el acceso forzado al cuerpo por otro individuo. Ejemplos de esto son la prostitución infantil y la trata de personas. En otro ámbito, lo podemos ver cuando procesamos lo que vivimos somatizando el dolor a través del cuerpo.

La verdad de la resurrección del cuerpo nos libera de los sentimientos de culpa, vergüenza y dolor, ya que el evangelio no guarda silencio frente a los actos atroces contra el cuerpo de Jesús, en donde su agencia, dignidad, y autonomía, fueron violadas y quebrantadas.

Pensemos en la exposición y burla de los soldados romanos, quienes tenían el poder, mientras Cristo moría vulnerable en medio de una plaza pública, prácticamente desnudo, así lo vemos en Mateo 27:27-31:

> *27 Entonces los soldados del gobernador llevaron a Jesús al Pretorio, y reunieron alrededor de él a toda la cohorte romana. 28 Y desnudándole, le pusieron encima un manto escarlata. 29 Y tejiendo una corona de espinas, se la pusieron sobre su cabeza, y una caña en su mano derecha; y arrodillándose delante de él, le hacían burla, diciendo: ¡Salve, Rey de los judíos! 30 Y escupiéndole, tomaban la caña y le golpeaban en la cabeza. 31 Después de haberse burlado de él, le quitaron el manto, le pusieron sus ropas y le llevaron para crucificarle.*

La narrativa del evangelio enfatiza la vulnerabilidad que experimentó Jesús en su cuerpo y las marcas que quedaron sobre el mismo después de tan atroz crueldad. El texto de Mateo señala la pérdida de participación por parte de Jesús, ya que toda acción es realizada por otros sobre él. Cristo se solidariza con aquellos que han sido atropellados. En la resurrección Cristo redime la humillación contra el cuerpo. La crucifixión que intentó traer vergüenza no cumplió su cometido. La resurrección no eliminó las marcas de la crucifixión de Jesús, pues la resurrección muestra como ilegítimo lo que le hicieron a Cristo. Y así mismo nuestra resurrección corporal va a mostrar como ilegítimo lo que ha ocurrido contra el nuestro. Nuestro cuerpo es importante porque este cuerpo terrenal es amado y redimido por Dios. Razón tiene Anthony C. Thiseltoncuando dice:

> Dios es quien ha escogido nuestro cuerpo, y en la resurrección del cuerpo, él va a ser conforme al decreto pasado en la primera creación[61].

Todos los que debido a la realidad caída en la que vivimos no se sienten a gusto con algún aspecto de su cuerpo, se sentirán plenos y satisfechos con el regalo que Dios les ha dado. Así que la invitación es a regocijarnos en la sabiduría del diseño divino en el presente y a tener una esperanza firme para el futuro. En 1 Corintios 15:46-50, Pablo afirma lo siguiente:

> [46] *Sin embargo, el espiritual no es primero, sino el natural; luego el espiritual.* [47] *El primer hombre es de la tierra, terrenal; el segundo hombre es del cielo.* [48] *Como es el terrenal, así son también los que son terrenales; y como es el celestial, así son también los que son celestiales.* [49] *Y tal como hemos traído la imagen del terrenal, traeremos también la imagen del celestial.* [50] *Y esto digo, hermanos: que la carne y la sangre no pueden heredar el reino de Dios; ni lo que se corrompe hereda lo incorruptible.*

Nuestro cuerpo será una versión mejorada. No tiene que inscribirse para la repartición de cuerpos, queriendo una figura curvilínea, o el aspecto físico de alguien más. Tampoco hay que darle sugerencias a Dios sobre cómo queremos el cuerpo porque él sabe cómo hacerlo perfecto, él es más sabio que los creadores del iPhone y iPad. Vamos a poder decir: ¡te sobraste, Dios! Nuestro cuerpo actual será sombra de lo perfecto. Cero propagandas y dietas o productos para el crecimiento del cabello y cirugías.

> *El cual transformará el cuerpo de la humillación nuestra, para que sea semejante al cuerpo de la gloria suya, por el poder con el cual puede también sujetar a sí mismo todas las cosas.*
> Filipenses 3:21 (RVR1960)

> *Él tomará nuestro débil cuerpo mortal y lo transformará en un cuerpo glorioso, igual al de él. Lo hará valiéndose del mismo poder con el que pondrá todas las cosas bajo su dominio.*
> Filipenses 3:21 (NTV)

Jesús, teniendo un cuerpo resucitado, rompió todas las leyes naturales y comió (Lucas 24:42; Juan 21:15). La vida del cuerpo está en la sangre, y este cuerpo no estará sujeto a las leyes físicas con las que fue diseñado nuestro mundo (lo mortal no puede heredar el reino de Dios).

Nuestra vida en este mundo importa porque no es que estamos en un cuarto de espera (esta vida) hasta que nos entreguen la casa donde vamos a vivir. Nuestra vida en este mundo establece el comienzo de los capítulos de esa historia que allá se va a perfeccionar, florecer (no simplemente a comenzar) después de la resurrección de los muertos.

Lo que Pablo desafía en este texto es el problema: *COMAMOS Y BEBAMOS, QUE MAÑANA MORIREMOS* (1 Corintios 15:32). Pensar en la resurrección es importante porque es una gran ayuda en nuestra lucha con la carne, con las pasiones, con las propuestas del mundo.

III. APLICACIÓN

El texto de 1 Corintios 15 nos invita a que hagamos tres cosas:

1. 1 Corintios 15:33 | *No os dejéis engañar: "Las malas compañías corrompen las buenas costumbres".* Usted puede ser muy buena gente, pero la gente que nos rodea a veces no contribuye a que caminemos con Cristo. No es que sea culpa de la gente, cada uno de nosotros es atraído a lo que le gusta. Si anhelas a Cristo, aunque con luchas, lo sigues. Y claro está, hay pasos y decisiones que probablemente la gente nos influencia pero no son los causantes. Nosotros somos los responsables.

2. 1 Corintios 15:34 | *Sed sobrios, como conviene, y dejad de pecar; porque algunos no tienen conocimiento de Dios. Para vergüenza vuestra lo digo.* Piense recto. No se deje distraer. No se puede dar el lujo en estos tiempos que estamos viviendo de ignorar el consejo de Dios. ¿No le da vergüenza que ha permitido que ese pecado particular camine en su vida por todo este tiempo?

3. 1 Corintios 15:57-58 | [57] *pero a Dios gracias, que nos da la victoria por medio de nuestro Señor Jesucristo.* [58] *Por tanto, mis amados hermanos, (1)* estad firmes, (2)* constantes, (3)* abundando siempre en la obra del Señor, sabiendo que vuestro trabajo en el Señor no es en vano.* En otras palabras, teniendo con toda seguridad que nada de lo que hacemos para él será una pérdida de tiempo o esfuerzo.

* La numeración ha sido añadida por el autor del libro.

IV. PRÁCTICA

Ahora lo invito a que piense y responda estas preguntas:

Afirmar

1. ¿Cómo lo aprendido en este capítulo cambia su concepción sobre su propio cuerpo? ¿Qué esperanza encuentra en la Escritura?

....

....

....

....

....

....

....

....

Descansar

2. ¿Ha sufrido alguna afrenta o maltrato (rechazo, burla, ofensa, etc.) contra su cuerpo? Recuerde que Cristo, al ser maltratado en la cruz, sufrió para que el dolor que produce esa afrenta en usted, sea sanado, y resucitó para que también su cuerpo sea restaurado de manera perfecta y definitiva. Ore al Señor entregando el dolor que siente por las afrentas que ha recibido.

....

....

....

....

....

....

....

....

Rendir

3. A nivel mundial los índices de maltrato, violaciones y abusos contra mujeres y hombres, explotación sexual a niños y adolescentes, entre otros abusos contra el cuerpo de los más débiles, son tristemente altos. ¿Qué tal si tomas un momento para orar pidiendo la misericordia y ayuda del Señor para todas las personas que son maltratadas de estas y de otras maneras?

....

....

....

....

....

....

....

....

....

CAPÍTULO 13
Y LA VIDA ETERNA

Anteriormente dijimos que como Iglesia esperamos el día de la resurrección de los muertos. ¿Qué sigue después de eso? ¿Cuándo comienza la vida eterna? ¿Cuáles son las evidencias de la vida eterna? Espero que este capítulo responda estas y otras preguntas.

I. TEXTO

> [11] Y el testimonio es este: que Dios nos ha dado vida eterna, y esta vida está en Su Hijo. [12] El que tiene al Hijo tiene la vida, y el que no tiene al Hijo de Dios, no tiene la vida. [13] Estas cosas les he escrito a ustedes que creen en el nombre del Hijo de Dios, para que sepan que tienen vida eterna.
>
> 1 Juan 5:11-13

II. ANÁLISIS

En el Nuevo Testamento se utilizan varios términos para hablar de la vida. Sin embargo, me gustaría puntualizar en la siguiente distinción.

Bios: estar vivo biológicamente, los recursos que necesitamos para mantener la vida. De aquí viene el bio de biografía y biología.

Zōē: en este texto de 1 Juan, se usa el término para referirse a la calidad de vida que solo se encuentra en el Señor Jesucristo, no a la prolongación de la existencia biológica.

Ahora que hemos hecho la distinción entre *bios* y *zōē*, es necesario analizar el impacto que tiene la vida eterna sobre nuestra realidad presente.

1. LA VIDA ETERNA COMIENZA AHORA

"Nos ha dado vida eterna". La vida eterna no es sobre nuestro destino eterno, porque comienza ahora. Algunos han escuchado el plan de salvación así: "Cristo viene pronto. Vas a ir al infierno o al cielo, ¿qué vas a hacer? Decide creer en Cristo y no vas al infierno". Pero Juan dice: la vida eterna ya ha comenzado. El hecho que estemos unidos a Cristo tiene que afectar la vida presente en calidad, en profundidad, en plenitud. Y esto no significa que estamos exentos de dificultades, pruebas y desafíos.

2. LA VIDA ETERNA ES CRISTO

La vida se halla en una relación constante y permanente de unión a Cristo. Juan lo dijo en su evangelio en el capítulo 15: *el que permanece en mí y yo en él, este llevará mucho fruto, porque separados de mí nada podéis hacer*. La vida con Cristo es el mejor tipo de vida, es la mayor calidad de vida, es la manera de vivir la vida más profundamente. Nosotros podemos tratar de buscar una mejor calidad de vida fuera de nuestra relación con Cristo. O pensamos que algo en el futuro va a cambiar el rumbo de nuestra historia: Si yo fuese el CEO (gerente) en vez de la persona que limpia las oficinas; si tuviese una mujer de revista; si tuviese el dinero de Justin Bieber; si tuviese los 160 millones de seguidores en Instagram que tiene Kim Kardashian; si fuese dueño de una casa en este país no tendría que... Bueno, con todas esas cosas tendrías mayor comodidad, acceso a más cosas, pero este tipo de vida se haya solo en Cristo. La cruz de Cristo (incluyendo su resurrección) es el cimiento sobre el cual los registros del evangelio y las cartas del Nuevo Testamento construyen; es el evento que cambió y cambia vidas.

La vida eterna, que es la última declaración del Credo, ya ha comenzado (no se ha perfeccionado del todo, pero ya ha comenzado) y quiero referirme a tres maneras (¡sin duda hay muchas más!) que nos permiten ver cómo la nueva vida comienza a transformarnos.

2.1. ¿CÓMO VEMOS LA VIDA?

El mundo tiene toda su esperanza en esta vida. Si no hay un nuevo cielo y nueva tierra, todo lo importante en la vida se encuentra aquí. Por eso la gente es adicta al éxito, al placer, a los logros, porque todo se tiene que disfrutar en esta vida. Nuestra vida en este mundo es un cuarto sin ventana. La ventana te deja ver que hay algo más allá del cuarto. La ventana es la comprensión de que nos espera un futuro glorioso, de que hay algo más allá de lo que vemos. Pero si no estamos en Cristo, todo lo que hay es el cuartico. Eso también explica el porqué hay gente amargada, triste, aburrida, envidiosa, por las circunstancias que les ha tocado vivir o porque se dan cuenta de que, en términos del mundo, no tienen nada.

> [19] *cuyo fin es perdición, cuyo dios es su apetito y cuya gloria está en su vergüenza, los cuales piensan sólo en las cosas terrenales.* [20] *Porque nuestra ciudadanía está en los cielos, de donde también ansiosamente esperamos a un Salvador, el Señor Jesucristo...*
> Filipenses 3:19-20

Necesitamos vivir en este mundo como peregrinos. Por ejemplo, Juliet (mi esposa) y yo solo tenemos una residencia temporal, por eso no pensamos en comprar grandes bienes, tratamos de no llenarnos de cosas que no necesitamos en dado caso que tengamos que salir en cualquier momento. Esta realidad nos ayuda a no aferrarnos (a lo material en este caso) y a pensar en la transitoriedad de las situaciones. Y por eso, las prioridades y las cosas que valoramos son distintas, vemos la vida diferente a un residente permanente de este país.

2.2. ¿CÓMO ENVEJECEMOS?

El mundo y la cultura tienen una adicción a verse y sentirse joven. Y la razón es sencilla: piensan que esto es todo lo que hay. Vivimos corriendo para que la edad no nos alcance. Para nosotros, envejecer es parte del proceso natural, pero produce y genera en nosotros madurez. *Las canas son una corona de sabiduría*, como dice Proverbios 16:31-33. Todos nosotros cada minuto y cada segundo estamos más viejos. Obviamente, nadie dice: "¡qué alegría me da esta cana nueva que me salió!", "¡qué elegante esta expresión facial que adorna mis ojos!", se trata de vivir sabiendo que Dios renovará todas las cosas. En 2 Corintios 4:16, Pablo dice: *Por tanto, no desfallecemos, antes bien, aunque nuestro hombre exterior va decayendo, sin embargo, nuestro hombre interior se renueva de día en día.*

2.3. ¿CÓMO SUFRIMOS?

Algunos sufren con dolores crónicos, están en un momento de la vida "bajoneados" y no quisieran estar ahí, porque han perdido varios familiares y es doloroso, por ejemplo. Algunos lidiando con el desempleo y la ruina, porque la crisis se lo llevó todo. Por supuesto que decimos "no me gusta", "no me complace", "no quisiera vivirlo", pero hay una esperanza.

> ¹⁰ Y después de que hayáis sufrido un poco de tiempo, el Dios de toda gracia,
> que os llamó a su gloria eterna en Cristo, él mismo os perfeccionará, afirmará,
> fortalecerá y establecerá. ¹¹A él sea el dominio por los siglos de los siglos. Amén.
> 1 Pedro 5:10-11

El tiempo de sufrimiento no es comparable con el tiempo en la eternidad. Pablo escribió en Romanos 8, que *los sufrimientos del tiempo presente no son comparables con la gloria venidera.* El escritor de la carta a los Hebreos dice en el capítulo 12 que "*Cristo, por el gozo que estaba delante de él, padeció y sufrió la cruz*". Es esta nueva vida la que nos empuja y a la vez nos ancla.

3. EVIDENCIAS DE LA VIDA ETERNA

¿Cuáles considera que son las evidencias de la vida eterna? ¿Cómo sabemos si somos salvos o que tenemos vida eterna? Por ejemplo, yo crecí en la iglesia con miedo a que me iba a perder. Cristo iba a venir y yo no estaría listo para irme con él. La salvación para mí era como una cuenta bancaria en la que tenía ingresos y egresos, no una relación con el Padre. Si al momento del Señor llegar me encontraba en déficit (de pronto salí de la casa con mi esposa, vamos en el carro y estoy discutiendo por algo que no me parece; y justo en ese momento vino Cristo, me perdí). Ahora, si es por la perfección de cada uno de nosotros, no por el sacrificio de Cristo, que tenemos vida y salvación, entonces ninguno de nosotros va a poder irse con Dios, porque ninguno va a ser 100% perfecto el día de su venida.

Hay una diferencia entre hacer las cosas por amor a hacerlas por temor. Por ejemplo, un esposo puede ser cariñoso para agradar a su esposa (amor) o puede hacerlo simplemente porque su esposa es impulsiva y a lo mejor lo cambie por otro (temor). Conocer a Dios implica una reorientación de nuestro ser hacia Dios, en amor, en respuesta a quien es él y la vida que de él he recibido. Por eso la pregunta más bien es, ¿cuáles son las evidencias de la nueva vida?

- **Primera evidencia:** Anda en luz (1 Juan 1:5-7);
- **Segunda evidencia:** Reconoce constantemente el pecado personal y la necesidad de un redentor (1 Juan 1:8);
- **Tercera evidencia:** Peca mas no persiste en una vida de pecado (1 Juan 2:1; 3:9);
- **Cuarta evidencia:** Guarda los mandamientos de Dios como resultado de su amor por él (1 Juan 2:3-6);
- **Quinta evidencia:** Ama al prójimo (1 Juan 2:9-11; 4:7);
- **Sexta evidencia:** No ama al mundo (1 Juan 2:15-17);
- **Séptima evidencia:** Hay perseverancia (1 Juan 2:19; 5:18);
- **Octava evidencia:** Hace justicia (1 Juan 2:29; 3:10);

- **Novena evidencia:** Ama con acciones concretas (1 Juan 3:16–18);
- **Décima evidencia:** El Espíritu confirma nuestro nuevo nacimiento (1 Juan 3:24; 4:13);
- **Onceava evidencia:** Oye el mensaje y rechaza el error (1 Juan 4:6);
- **Doceava evidencia:** Cree que Jesús es el Mesías (1 Juan 4:2).

¿Y qué ocurrirá después? En su visión Juan nos relata lo siguiente:

> *¹ Y vi un cielo nuevo y una tierra nueva, porque el primer cielo y la primera tierra pasaron, y el mar ya no existe. ² Y vi la ciudad santa, la nueva Jerusalén, que descendía del cielo, de Dios, preparada como una novia ataviada para su esposo. ³ Entonces oí una gran voz que decía desde el trono: He aquí, el tabernáculo de Dios está entre los hombres, y él habitará entre ellos y ellos serán su pueblo, y Dios mismo estará entre ellos.*
> Apocalipsis 21:1–3

La Biblia habla del cielo para referirse al lugar de residencia en el que disfrutamos de la presencia de Dios mientras esperamos la resurrección. Pero esa es una residencia temporal; la Nueva Jerusalén será nuestra residencia permanente. A diferencia de las imágenes que surgen de nuestra imaginación (espíritus volando sin cuerpos, nubes, arpas y querubines), el cielo es una nueva tierra, en la que el jardín del cual fuimos expulsados es restaurado y entregado nuevamente a la humanidad. De hecho, Juan describe la ciudad como un paraíso lleno de fruto, nutrido por un río, en donde está el árbol de la vida. En Edén no había ciudad, pero ahora, "la ciudad construida en nuestra pecaminosidad es redimida y restaurada. En ese momento, Dios y la humanidad vivirán nuevamente bajo el mismo techo [tal como al principio]"[62]. Sandra Richter lo resume bien:

> El plan original de Dios es su propósito final. Edén fue el plan perfecto, y Dios no ha tenido otro. Su propósito es que el pueblo de Dios pueda habitar en el lugar de Dios, disfrutando de su presencia. Lo que encontramos entre Edén y la Nueva Jerusalén es un gran plan de rescate que responde a la pregunta ¿Cómo la humanidad puede regresar nuevamente al jardín? El cielo es el lugar donde Dios habita, y el nuevo cielo y la nueva tierra es donde pasaremos la eternidad. El Edén de Génesis 1–2 es el mejor retrato que tenemos de lo que será el cielo que esperamos[63].

III. APLICACIÓN

1 Juan 5:11. ¿Sabes si tienes vida eterna? ¿Has comenzado a experimentar la vida de

Dios en ti? Esta no consiste en tener los papeles del seguro por si te los piden, más bien es una relación con el Hijo de Dios, quien es la vida. ¿Estás confiando en Cristo o estás buscando vida en otras fuentes? Si es así, Dios nos invita a arrepentirnos.

1 Juan 5:17. Hay personas que se consideran conservadoras, es decir, aprecian las tradiciones y la herencia familiar y cultural, y hay personas que se consideran progresistas, aquellos que sienten que tenemos que avanzar. Para el último grupo, vivimos en una sociedad retrógrada, atrasada, que necesita progresar. Ser progresista está de moda. Y sí, yo también soy progresista porque pienso que lo mejor de la vida está por venir. Pero mi esperanza no está en lo que el ser humano puede hacer, ni en lo que el gobierno ofrece y alcanza sin la ayuda de Dios. Mi mirada está puesta en lo que viene: la resurrección de los cuerpos y la manifestación total y completa de la vida de Dios en nosotros y nuestro mundo. Nosotros solo hemos experimentado un pequeño porcentaje de lo que Dios tiene y, por eso, con expectativa miramos hacia adelante.

El Credo nos ancla en el pasado, la obra de Dios en Cristo; y en el futuro, la obra que esperamos que Dios perfeccione. Dios es quien determina el final de la historia y, por lo tanto, miramos el futuro con expectativa.

IV. PRÁCTICA

Ahora lo invito a que piense y responda estas preguntas:

Afirmar

1. Observe nuevamente la lista de las evidencias de la vida eterna. ¿Cuál de ellas son reales en usted y en cuáles necesita seguir creciendo? ¿Cómo se contrastan estas evidencias con las que las iglesias normalmente entienden como evidencia de la vida eterna, por ejemplo, asistir a programas, ayunar, etc.?

....

....

....

....

....

....

....

Descansar

2. A pesar de tener vida eterna no estamos exentos de dificultades mientras estemos en este mundo. ¿Cómo enfrenta sus dificultades, como algo transitorio o como si esto fuese todo en la vida? Puede orar pidiéndo a Dios que le ayude a ver la vida de Cristo en medio de sus dificultades.

....

....

....

....

....

....

....

....

Rendir

3. En ocasiones corremos tras aquello que nos parece atractivo y bueno. Muchos corren en búsqueda de sustitutos de la vida que solo se haya en Cristo. ¿Puede escribir una corta lista de esas cosas a las que se siente tentado a acudir como una fuente falsa de vida? Ore para que Dios traiga luz sobre este error.

....

....

....

....

....

....

....

CONCLUSIÓN

Para terminar, debo decir que es mi deseo que este libro se convierta en una oportunidad, además de una herramienta para que las iglesias puedan fortalecer el discipulado con los nuevos creyentes en una fe unificadora a la luz de las Escrituras, teniendo en cuenta que en el mundo actual estamos expuestos a diferentes creencias religiosas, políticas y culturales. El avance de la tecnología, las redes sociales y los medios de comunicación impulsan e influencian a creer en algo distinto e inclusive, herejías. Frente a esta realidad, espero que este libro le permita transmitir la verdad de la fe cristiana; y formar discípulos con convicciones inamovibles y con un amor genuino por conocer y vivir para Dios.

SIGUIENTES PASOS

• Si hace poco ha iniciado en la fe o no es cristiano, le recomiendo que tome un tiempo prudente para buscar una iglesia en la que se enseñe el evangelio según las Escrituras y le acompañen en la búsqueda de una relación genuina con Dios, con miras a que usted pueda amar a Dios y a su prójimo.

• Para aquellos que llevan algunos o muchos años en la fe, les invito a hacer una reflexión pausada y profunda sobre las enseñanzas estudiadas en este libro. Tome tiempo para estudiar sobre aquellas nuevas cosas que ha descubierto y también sobre lo que antes no entendía. Puede responder preguntas como estas: ¿Me ha hecho este libro pensar de otra manera? ¿Cuáles son los fundamentos de la fe cristiana? ¿Cómo interiorizar y cuidar aquello en lo que creo? ¿Cuáles son los retos y desafíos para mi vida en la búsqueda de vivir para Cristo? ¿Cómo puedo ayudar a otros a comprender lo que he aprendido?

Espero que este recurso pueda ayudarlo a comprender lo grandioso, digno, eterno, justo y amoroso que es nuestro Dios. Mientras luchamos en contra de las corrientes del pecado en este mundo, debemos tener convicciones firmes de tal manera que nada ni nadie lo desvíe de lo que la Escritura enseña.

• Para los pastores y líderes anhelo que este recurso pueda ser de ayuda en su arduo trabajo de guiar y discipular a los creyentes a un evangelio fundamentado en las Escrituras. De igual manera, espero que el estudio de este libro haya provisto respuestas y herramientas que le ayuden a enfrentar los grandes retos que vive la iglesia cristiana en estos tiempos. Le invito a seguir trabajando en formar creyentes que vivan de manera genuina y real la fe cristiana.

TEXTOS QUE RESUMEN
EL EVANGELIO

[1] *Pablo, siervo de Cristo Jesús, llamado a ser apóstol, apartado para el evangelio de Dios,* [2] *que él ya había prometido por medio de sus profetas en las santas Escrituras,* [3] *acerca de su Hijo, que nació de la descendencia de David según la carne,* [4] *y que fue declarado Hijo de Dios con poder, conforme al Espíritu de santidad, por la resurrección de entre los muertos: nuestro Señor Jesucristo.*
Romanos 1:1-4

[21] *Pero ahora, aparte de la ley, la justicia de Dios ha sido manifestada, atestiguada por la ley y los profetas;* [22] *es decir, la justicia de Dios por medio de la fe en Jesucristo, para todos los que creen; porque no hay distinción;* [23] *por cuanto todos pecaron y no alcanzan la gloria de Dios,* [24] *siendo justificados gratuitamente por su gracia por medio de la redención que es en Cristo Jesús,* [25] *a quien Dios exhibió públicamente como propiciación por su sangre a través de la fe, como demostración de su justicia, porque en su tolerancia, Dios pasó por alto los pecados cometidos anteriormente,* [26] *para demostrar en este tiempo su justicia, a fin de que él sea justo y sea el que justifica al que tiene fe en Jesús.*
Romanos 3:21-26

[5] *Haya, pues, en vosotros esta actitud que hubo también en Cristo Jesús, el cual, aunque existía en forma de Dios, no consideró el ser igual a Dios como algo a qué aferrarse,* [7] *sino que se despojó a sí mismo tomando forma de siervo, haciéndose semejante a los hombres.* [8] *Y hallándose en forma de hombre, se humilló a sí mismo, haciéndose obediente hasta la muerte, y muerte de cruz.* [9] *Por lo cual Dios también le exaltó hasta lo sumo, y le confirió*

el nombre que es sobre todo nombre, [10] para que al nombre de Jesús se doble toda rodilla de los que están en el cielo, y en la tierra, y debajo de la tierra, [11] y toda lengua confiese que Jesucristo es Señor, para gloria de Dios Padre.
Filipenses 2:5-11

[15] Él es la imagen del Dios invisible, el primogénito de toda creación. [16] Porque en él fueron creadas todas las cosas, tanto en los cielos como en la tierra, visibles e invisibles; ya sean tronos o dominios o poderes o autoridades; todo ha sido creado por medio de él y para él. [17] Y Él es antes de todas las cosas, y en él todas las cosas permanecen. [18] Él es también la cabeza del cuerpo que es la iglesia; y él es el principio, el primogénito de entre los muertos, a fin de que él tenga en todo la primacía. [19] Porque agradó al Padre que en él habitara toda la plenitud, [20] y por medio de él reconciliar todas las cosas consigo, habiendo hecho la paz por medio de la sangre de su cruz, por medio de él, repito, ya sean las que están en la tierra o las que están en los cielos.
Colosenses 1:15-20

E indiscutiblemente, grande es el misterio de la piedad: él fue manifestado en la carne, vindicado en el Espíritu, contemplado por ángeles, proclamado entre las naciones, creído en el mundo, recibido arriba en gloria.
1 Timoteo 3:16

Acuérdate de Jesucristo, resucitado de entre los muertos, descendiente de David, conforme a mi evangelio.
2 Timoteo 2:8

[18] Porque también Cristo murió por los pecados una sola vez, el justo por los injustos, para llevarnos a Dios, muerto en la carne pero vivificado en el espíritu; [19] en el cual también fue y predicó a los espíritus encarcelados, [20] quienes en otro tiempo fueron desobedientes cuando la paciencia de Dios esperaba en los días de Noé, durante la construcción del arca, en la cual unos pocos, es decir, ocho personas, fueron salvadas por medio del agua. [21] Y correspondiendo a esto, el bautismo ahora os salva (no quitando la suciedad de la carne, sino como una petición a Dios de una buena conciencia) mediante la resurrección de Jesucristo, [22] quien está a la diestra de Dios, habiendo subido al cielo después de que le habían sido sometidos ángeles, autoridades y potestades.
1 Pedro 3:18-22

APÉNDICE 2
¿CÓMO DEBEMOS ENTENDER LA SUSTITUCIÓN?

Tanto los escritores bíblicos como los teólogos cristianos han intentado explicar cómo la muerte de Jesús en la cruz nos permite estar en una correcta relación con Dios. La victoria de Jesús y el obrar de Dios es misterioso para la humanidad (aun las mentes más brillantes no logran comprender las múltiples facetas de la cruz) y paradójico (realidades y aspectos que en nuestra experiencia no pueden convivir se encuentran en la cruz). De ahí que encontramos muchas metáforas; cada una nos da matices, luces, comprensiones reales pero parciales de la obra de Jesús, como lo son la adopción, la reconciliación, la salvación, la redención y la expiación.

Como resultado del pecado el ser humano experimenta temor "tengo miedo", culpa "he hecho algo mal", vergüenza "no soy suficiente". Para aquellos que sienten temor, la buena noticia es que Dios nos redime y nos adopta—la incorporación a la familia de Dios—asegura que no somos huérfanos. Quienes sienten vergüenza y creen no ser suficientes, Dios en su obra de regeneración nos ha hecho nuevas creaturas. Quienes saben que han pecado, la respuesta es la justificación. De ahí que la cruz es la solución a cualquier problema de identidad u orientación que tenga el ser humano.

El término sustitución ha sido importante en el cristianismo para entender lo que ocurrió en la cruz. Entendemos como sustitución que Jesús murió en mi lugar, pagando por mis pecados, como resultado del amor sacrificial que fluye del corazón de Dios. Tal como lo presenta Pablo en 1 Corintios 15:3: *Porque yo os entregué en primer lugar lo mismo que recibí: que Cristo murió por nuestros pecados, conforme a las Escrituras.*

Recientemente, se le ha añadido un adjetivo al término sustitución "sustitución penal", y el argumento se entiende de la siguiente manera:

- Dios el Padre es santo y justo, lo cual se ve reflejado en la estructura y el diseño de nuestro mundo.

- Los seres humanos han fallado al desobedecer a Dios.

- Ya que todos han pecado, el Padre debe responder de manera retributiva de acuerdo con su santidad y justicia, por lo que la humanidad ahora se encuentra bajo la ira de Dios, siendo merecedores de la pena de muerte.

- Con el fin de salvar al ser humano, Cristo, el Hijo, lleva sobre sí el castigo por el pecado, soportando el sufrimiento que ellos merecen, al punto de morir en una cruz.

- Intercambio "A": la ira del Padre es redireccionada hacia el Hijo, quien es declarado culpable y cuya muerte satisface la ira de Dios.

- Intercambio "B": la justicia de Cristo es redireccionada y ofrecida a los seres humanos. Los seres humanos solo pueden acceder a esta justicia a través de la fe. El castigo es así eliminado y estos pueden estar en correcta relación con el Padre.

Para abordar correctamente este tema es necesario responder a esta objeción haciendo una aclaración. Steve Chalke y Alan Mann cuestionan el uso del término sustitución:

> El hecho es que la cruz no es una forma cósmica de abuso infantil: un Padre vengativo que castiga a su Hijo por una ofensa que este ni siquiera cometió. Es comprensible que personas dentro y fuera de la iglesia hayan encontrado esta versión tergiversada de los hechos como moralmente dudosa y una enorme barrera para la fe[64].

Claramente, el Padre no sale bien librado. John Stott explica que normalmente hay dos casos:

> En el primer caso, se presenta a Cristo interviniendo para pacificar a un dios iracundo y arrancándole a regañadientes una salvación. En el otro, la salvación se adscribe a Dios, que procede a castigar al inocente Jesús en lugar de a nosotros, los pecadores culpables que merecían el castigo. En ambos casos Dios y Cristo están separados uno del otro: o Cristo persuade a Dios o Dios castiga a Cristo. Lo característico de ambas presentaciones es que denigran al Padre. Renuente a sufrir él mismo, escoge como víctima más bien a Cristo. Renuente a perdonar, Cristo lo apremia a hacerlo. Se le ve como un ogro sin piedad cuya ira tiene que ser apaciguada, cuya poca inclinación a actuar tiene que ser superada por el amoroso autosacrificio de Jesús[65].

El problema que presenta el argumento de Steve y Alan, y que también fue resumido en la descripción de la sustitución penal arriba, es que pone en el escenario a tres actores (Dios, Jesús y nosotros), cuando en realidad solo hay dos partes involucradas (Dios y nosotros). Aunque debemos distinguir entre el Padre y el Hijo, la acción de cada uno constituye la acción de ambos, y ambos constituyen la acción de Dios. Tanto el Padre como el Hijo actúan juntos en perfecta armonía en la obra de expiación, ambos asumen el costo. Pablo lo resume bien cuando escribe: *En Cristo, Dios estaba reconciliando el mundo consigo mismo* (2 Corintios 5:19).

Es cierto que en la Escritura hay textos bíblicos, como Isaías 53:5, que resaltan que *el castigo de nuestra paz fue sobre él.* Y todos estos pasajes, tal como señala John Stott, tienen contrapartes con el propio Cristo como sujeto, por ejemplo: *él mismo, en su cuerpo, llevó al madero nuestros pecados* (1 Pedro 2:24). El pasaje famoso *tanto amó Dios al mundo, que dio a su Hijo unigénito* (Juan 3:16) tiene su correspondencia con *el Hijo de Dios, el cual me amó y dio su vida por mí* (Gálatas 2:20). En su evangelio, Juan registra que Jesús dijo: *Nadie me la quita* [su vida], *sino que yo la doy de mi propia voluntad. Tengo autoridad para darla, y tengo autoridad para tomarla de nuevo. Este mandamiento recibí de mi Padre* (Juan 10:18). O como bien lo resume Pablo: *Jesucristo dio su vida por nuestros pecados para rescatarnos de este mundo malvado, según la voluntad de nuestro Dios y Padre* (Gálatas 1:3-4). Stott bien explica que:

> [n]o tenemos libertad para interpretar [tales textos] de manera que impliquen que Dios obligó a Jesús a hacer lo que no quería hacer por sí mismo, o que Jesús fue una víctima renuente de la brutal justicia de Dios. Jesucristo sí llevó el castigo de nuestros pecados, pero Dios actuaba en Cristo y a través de Cristo al hacerlo, y Cristo estaba desempeñando su parte voluntariamente (ej., Hebreos 10:5-10). Entonces, no tenemos que hablar de que Dios castigó a Jesús ni de que Jesús persuadió a Dios, porque hacerlo es colocarlos frente a frente como si actuaran independientemente uno del otro o estuvieran en conflicto el uno con el otro. Nunca podemos hacer a Cristo el objeto del castigo de Dios ni a Dios el objeto de la persuasión de Cristo, porque ambos, Dios y Cristo, eran sujetos no objetos, que tomaban la iniciativa juntos para salvar a los pecadores. Cualquier cosa que sucedió en la cruz en términos de «un abandono de Dios» fue aceptada voluntariamente por ambos con el mismo amor santo que hizo necesaria la expiación...Si el Padre dio al Hijo, el Hijo 'se dio a sí mismo'. Si la copa de Getsemaní simbolizaba la ira de Dios, [esta] fue 'dada' por el Padre (Juan 18:11) y voluntariamente 'tomada' por el Hijo. Si el Padre 'envió' al Hijo, el Hijo 'vino'. El Padre no impuso sobre el Hijo un vía crucis que este estuvo renuente a soportar, ni el Hijo extrajo del Padre una salvación que este estuvo renuente a conceder. En ningún lugar del Nuevo Testamento hay sospechas de discordia entre el Padre y el Hijo, "ya sea del Hijo arrebatando un perdón de un Padre renuente o de un Padre demandando un sacrificio de un Hijo reacio." No había poca voluntad en ninguno de los dos. Por el contrario, sus voluntades coincidían en un perfecto autosacrificio de amor[66].

En Cristo, Dios estaba reconciliando el mundo consigo mismo (2 Corintios 5:19).

GLOSARIO

APOCALÍPTICO:

La palabra griega *apocalipsis* significa revelar, tiene que ver con la acción de quitar las cortinas para revelar algo que no sería visto de otra manera. A veces es una revelación de lo que ocurrirá en el futuro; otras veces lleva a mirar el presente desde una perspectiva celestial. La apocalíptica es un género de escritura que se utiliza en la Biblia.

AUTORIDAD:

Dios es la fuente última de autoridad.

BIBLIA:

La Biblia es la palabra de Dios y escrita por autores humanos, dada por él, como autoridad final para la fe y la práctica. La Biblia provee información confiable y fidedigna de la verdad sobre Dios y la vida de piedad a la quelos creyentes han sido llamados. Los creyentes honramos la Biblia al creer lo que afirma y hacer lo que manda. La palabra Biblia significa el libro, y hace referencia a la colección completa de libros cristianos (37 del Antiguo Testamento y 29 del Nuevo Testamento).

BLASFEMIA:

Cuando se habla incorrecta o inapropiadamente de Dios (Éxodo 22:27), incluyendo cuando se atribuye la obra de Dios (Padre, el Hijo o el Espíritu Santo) a un ídolo u otro ente espiritual (Mateo 12:22–37).

EVANGELIOS APÓCRIFOS:

Documentos o reportes que no son considerados como genuinos o que no son parte de los libros reconocidos como autoridad para comunicar la voluntad de Dios y ser la norma que rige a la Iglesia.

GÉNERO:

Un género significa una categoría o estilo de literatura. En la Biblia hay varios tipos de escritura incluyendo narrativo, poesía, sabiduría, profecía e historia. Una buena interpretación de la Biblia requiere considerar el tipo de género en el documento que se ha escrito.

HEREJÍAS:

Una creencia u opinión contraria a lo que ha sido considerado como bíblicamente correcto en la historia de la Iglesia cristiana.

IGLESIA PRIMITIVA:

La iglesia que surgió por la predicación de los apóstoles y los creyentes en el libro de Hechos, de la cual aprendemos más en las cartas, hasta la muerte del último de los apóstoles hacía finales del primer siglo. El libro de Apocalipsis menciona varias iglesias que son parte de esta iglesia primitiva.

LIBROS APÓCRIFOS:

Los 66 libros de la Biblia han sido reconocidos desde sus primeros comienzos, por todos los creyentes, como los documentos que contienen la autoridad de Dios. Algunas tradiciones (como la católica romana y las iglesias ortodoxas) consideran que otros libros también tienen estatus canónico. Aun cuando estos libros apócrifos contienen un valor histórico, no fueron reconocidos por la iglesia primitiva como canónicos.

MUNDO CAÍDO:

Es un término que se utiliza para hablar del estado en el que ha quedado el universo después de que Adán y Eva deciden desobedecer a Dios en el huerto, incluyendo la maldad que es inherente a los seres humanos desde su nacimiento.

SANTOS:

Título que se usa en las cartas del Nuevo Testamento para hablar de todos los creyentes. El creyente ha sido apartado (santificado) para estar unido a Cristo y vivir bajo un estilo de vida propio de la comunidad de Jesús.

SUMO SACERDOTE:

En el Antiguo Testamento, el gobierno de Dios se establece en la tierra mediante tres oficios: el rey, el profeta y el sacerdocio. El sumo sacerdote y al sacerdocio en general se le dan derechos, roles y responsabilidades particulares y exclusivas. La figura del sumo sacerdote se establece en Israel cuando Dios instaura la forma oficial en la que debe ser adorado (Éxodo 25-30). Dios da instrucciones para construir el tabernáculo, un santuario portátil que constituía un espacio sagrado (el lugar santísimo) en el que Dios moraría y al que solo tendría acceso el sumo sacerdote. La mención específica del sumo sacerdote se encuentra en Números 35:25.

TESTIGOS:

Un testigo es alguien que posee conocimiento de una verdad y está dispuesto a testificar de ella. En este documento hablamos de "testigos" para referirnos a un grupo de personas que vieron la resurrección de Jesús, oyeron sus enseñanzas y corroboraron ante otros la veracidad de este evento.

TRINIDAD:

Los primeros cristianos fueron judíos monoteístas; ellos creían en un solo Dios. Para ellos, Dios es el único creador y soberano de todo lo que existe, y todo lo demás es creado y gobernado por Dios. Lo que los primeros cristianos entendieron fue que el Padre, el Hijo y el Espíritu Santo participan de este acto creador y soberano. Dios es uno; él es único, creador y soberano, lo demás es creado.

REINO DE DIOS:

La palabra reino es importante. Cinco ideas nos ayudan a entender la idea del Reino: (1) hay un rey: no hay un reino sin rey. (2) Gobierno: el rey reina en dos maneras. Por un lado, redimiendo y rescatando personas y, por el otro, gobernando sobre un pueblo que se somete a su voluntad. (3) Hay un pueblo: en el A.T. es Israel y en el N.T. es la Iglesia. El pueblo del rey lo conforman quienes han sido redimidos por él y como resultado viven sometidos a su gobierno. (4) Hay una voluntad: en el A.T. esta voluntad revelada en la Torá y en el N.T. encontramos a Cristo y su enseñanza. (5) Tierra: no hay rey sin un espacio sobre el cual gobierna. En el A.T. está la promesa de una tierra, y en el N.T. habla de que toda la tierra está bajo el señorío de Cristo. Este pueblo redimido está llamado a ser y vivir como su rey, estableciendo su reino y haciendo su voluntad en la tierra.

NOTAS Y REFERENCIAS

1. Podemos comparar los siguientes textos para ver la relación entre los escritos de Pablo y los evangelios (que no habían sido redactados cuando Pablo escribió): 1 Tesalonicenses 5:1-6 y Lucas 12:39-40; 1 Tesalonicenses 5:7 y Lucas 21:34-35; Romanos 12:14 y Lucas 6:28; Romanos 13:7 y Marcos 12:17; Romanos 13:8-10 y Marcos 12:28-34; Romanos 14:14 y Marcos 7:15.

2. La historia se divide en "antes" y "después" de Cristo. El tiempo 0 se cuenta desde su nacimiento, en el año 30 se ubica su muerte, y en el año 100 se ubica la muerte de Juan, el último de los apóstoles. Ahí tendríamos el primer siglo, los primeros 100 años después de Cristo.

3. Para ese entonces los libros que componen el Nuevo Testamento ya habían sido escritos, pero no se encontraban en la forma unificada en que los tenemos en nuestras biblias actuales.

4. Kevin J. Vanhoozer, *Biblical Authority after Babel: Retrieving the Solas in the Spirit of Mere Protestant Christianity* (Grand Rapids: Brazos Press, 2016), 30.

5. Justo González, *Historia del cristianismo*, Tomo 1, vol. 1 (Miami: Unilit, 2003), 77.

6. Algunas de las herejías más conocidas en los primeros siglos fueron: el docetismo, el arrianismo y el marcionismo. **El docetismo** mencionaba que Jesús no había venido con cuerpo físico, sino que solo era una proyección, negando así la encarnación. Ellos enseñaban que el cuerpo era malo. Esta herejía hoy se parece a la de los grupos gnósticos. **El marcionismo** afirmaba que el Dios del A.T. solo manifestaba su ira y, por lo tanto, el A.T. no se debía tener en cuenta. Marción, el creador de esta herejía, se apoyaba en decir que Jesús siempre se mostró lleno de amor. Por eso tomó solo algunas partes de las cartas del Nuevo Testamento, especialmente las que hablaban de un dios amoroso. Marción "cortó y pegó" lo que se ajustaba a su enseñanza. Esta herejía la vemos hoy en aquellos motivadores evangélicos que solo toman parte de la Escritura para afirmar sus creencias (por ejemplo, la Teología de la Prosperidad). **El arrianismo** planteaba que Jesús no era Dios, sino que él fue la primera creación. La versión moderna de esta herejía se promueve en el mensaje de los Testigos de Jehová.

7. Robert W. Wall, "Reading the Bible from within our Traditions: The 'Rule

of Faith' in Theological Hermeneutics", en *Between Two Horizons: Spanning New Testament Studies and Systematic Theology*, eds. J.B. Grenn and M. Turner (Grand Rapids: Eerdmans, 2000), 88; Blowers, 'Regula', 214, 225.

8.   N. T. Wright, *The New Testament and the People of God*, vol 1 (Minneapolis: Fortress Press, 1992), 456.

9.   Joel B. Green, *Practicing Theological Interpretation: Engaging Biblical Texts for Faith and Formation* (Grand Rapids: Baker Academic, 2011), 72-73; Todd J. Billings, *The Word of God for the People of God* (Grand Rapids: Eerdmans, 2010), 29.

10.   Peter Stuhmacher, *How to do Biblical Theology?* (Eugene: Wipf and Stock, 1995), 61.

11.   F. L. Cross and E. A. Livingstone, *The Oxford Dictionary of the Christian Church*, 3.a ed. (Oxford: Oxford University Press, 2005), 90.

12.   Justo L. González, Teach Us to Pray: *The Lord's Prayer in the Early Church and Today* (Grand Rapids: Eerdmans, 2020), 16

13.   Tengo una deuda con Scot McKnight. No hubiese podido escribir los dos párrafos que acaban de leer sin haber leído su libro *The king Jesus Gospel: The Original Good News Revisited*, publicado por Zondervan.

14.   Alister McGrath explica "creer" en cuatro facetas: (1) Tener fe significa asentir, (2) tener fe significa confiar, (3) tener fe significa compromiso, (4) tener fe significa obediencia; ver *I Believe: Exploring the Apostle's Creed* (Downers Grove: IVP, 1997), ubicación 195, 206, 221, 232. En este estudio, unifico la 3 y la 4, y las presento como rendición.

15.   McGrath, *Believe*, ubicación 250.

16.   McGrath, *Believe*, ubicación 228.

17.   Millard J. Erickson, *Christian Theology* (Grand Rapids: Baker, 1985), 3:942.

18.   J. I. Packer, *Knowing God with Study Guide* (London: Hodder & Stoughton, 2005), 226.

19.   Diccionario de la lengua española, *Adoptar*, https://dle.rae.es/adoptar, último acceso 28 de julio de 2021.

20.   Erin M. Heim, *Adoption in Galatians and Romans: Contemporary Metaphor Theories and the Pauline Huiotesia Metaphors* (Leiden: Brill, 2017), 146.

21.   Mary Beard, "Lecture One: Introduction: Murderous Games", Gifford Lectures (Blog), accessed June 2019, https://giffordsedinburgh.com/2019/05/06/lecture-one-introduction-murderous-games/#more-1446.

22.   Entre los científicos creacionistas podemos citar precisamente a aquellos que fundaron las ciencias modernas: Kepler (Cirugía antiséptica); Maxer (Astronomía); Pascal (Hidrostática); Boyle (Química); Newton (Física); Steno (Estratigrafía); Faraday (Teoría Magnetica); Babbage (computación); Agassiz (Ictiología); Simpson (Ginecología); Mendel (genética); Pasteur (bacteriología); Kelvin (termodinámica); Listewell (electro dinámica); Ramsahai (química isotópica), y muchos más.

23. Christopher M. Hays, "La ciencia y la fe: Aliados en vez de enemigos" Bite, 26 de septiembre de 2019, Video, 15m24s, https://www.youtube.com/watch?v=Hs7CO3zetcY.

24. McGrath, *Believe*, ubicación472.

25. Kevin J Vanhoozer, "Redemption Accomplished: Atonement", en *The Oxford Handbook of Reformed Theology*, eds. Michael Allen and Scott R. Swain (Oxford: Oxford University Press, 2018), 473.

26. Robert M. Bowman Jr, "RatioChristi", *Do you believe? Jesus is God*, book 3, https://ratiochristi.org/is-jesus-god/, último acceso 5 de agosto de 2021.

27. D. A. Carson, *The Difficult Doctrine of the Love of God* (Nottingham: Inter-Varsity Press, 2000), 36.

28. El nacimiento de Jesús, el parto, fue un proceso natural: hubo sangre, dolor, el niño lloró, etc. Sería tal vez más apropiado hablar del milagro de la concepción, lo cual nos muestra que la vida inicia en la concepción.

29. Cross & Livingstone, *The oxford dictionary*, 1053.

30. Ben Myers, *The Apostle's Creed: A guide to the ancient catechism* (Lexham Press, 2018), 51.

31. Citado de Justo L. González, *Historia del Cristianismo*, vol. 1 (Miami: Unilit, 2003), 51.

32. John Dickson, *The Best Kept Secret of Christian Mission: Promoting the Gospel with More Than Our Lips* (Grand Rapids: Zondervan, 2010), 111–140.

33. John Stott, *The cross of Christ* (Downers Grove, Illinois: IVP, 1986), 25.

34. Stott, *Cross*, 29.

35. Wikipedia, *Crucifixión*, https://es.wikipedia.org/wiki/Crucifixión, último acceso el 28 de Marzo de 2015.

36. Stott, *Cross*, 30.

37. D.A. Carson, *Matthew: Expositors Bible Commentary*, (Grand Rapids, Michigan: Zondervan Publishing, 1984), 575.

38. Se debe reconocer que los autores bíblicos no abordan el tema del Hades de manera extensa. El tema tampoco aparece en el credo Niceno, sin mencionar que ha habido debate si la cláusula es descendió *ad inferna* (a aquello que está abajo) o *ad ínferos* (al mundo inferior). Tomás de Aquino, Calvino, entre otros, han optado por la traducción "al mundo inferior". No obstante, estudiar Hechos 2:22-32 nos permite comprender la victoria de Jesús sobre la muerte, entendiendo mejor la comprensión del Hades en el Antiguo Testamento.

39. Charles Hill, "He Descended into Hell", *Reformed Faith & Practice*, https://journal.rts.edu/article/he-descended-into-hell/, último acceso 5 de agosto de 2021.

40. La comprensión judía del Hades nos permite entender mejor cómo la victoria de Jesús en la cruz tiene un impacto sobre la muerte de los santos. En el pensamiento griego, el destino es el Hades (Hom. Od. 10.513; cf. 4.563-564).

41. Hay dos posturas frente a lo que ocurre entre la muerte y la resurrección

de nuestros cuerpos. La primera postura, Martin Lutero entendía el estado de quienes mueren como quien se encuentra en un sueño profundo, en el que no hay anhelos, consciencia, sentimientos, y fuera "del espacio y del tiempo," basado en el siguiente pasaje bíblico: *Cristo es la primicia de los que han muerto* (1 Corintios 15:20-21); véase Martin Luther, *Luther's Works*, vol. 28, *Commentary on 1 Corinthians 7 and 15 and 1 Timothy*, ed. Hilton Oswald (St. Louis: Concordia, 1973), 110. La segunda postura, Jürgen Moltmann argumenta que este estado de espera sigue siendo "en Cristo." Para Moltmann, esta espera "está llena del señorío de Cristo, sobre la muerte y la vida, y por la experiencia del Espíritu, quien es el dador de la vida"; véase Jürgen Moltmann, *Is There Life after Death?* (Milwaukee: Marquette University Press, 1998), 47, 104. "Los cristianos están escondidos en Cristo (Colosenses 3:3)...pero no se encuentran todavía en el nuevo mundo del futuro...Los muertos están muertos y aún no han resucitado, pero estos se encuentran en Cristo, y Cristo los acompaña cada paso del camino hacía el futuro," basado en el siguiente pasaje bíblico: *...Ni la muerte ni la vida los puede separar del amor de Dios que es Cristo Jesús* (Romanos 8:38-39); véase Moltmann, *The Coming of God: Christian Eschatology* (London: S.C.M, 1996), 105. La postura de Lutero y la de Moltmann afirman dos cosas distintas: Lutero habla de un sueño sin consciencia, mientras que Moltmann habla de un estado en el que el creyente es consciente del Señorío de Cristo. Mi postura se inclina hacía la segunda posición: el creyente al morir no cae en un sueño sin consciencia, sino que espera la resurrección del cuerpo y el juicio final, siendo consciente de la presencia de Dios (Apocalipsis 6:10). Quien está muriendo, quien está pensando en la muerte en *primera persona*, tal como lo hace Pablo en algunos textos, entiende que va al encuentro con Cristo: ese es su futuro (Filipenses 1:23; 2 Corintios 5:6). Desde la perspectiva de quienes observan el funeral, en *tercera persona* (el que ve a Lázaro y a la hija de Jairo muertos, escuchan de Jesús, "están durmiendo"), ven al que muere como quien ha entrado en un sueño (1 Corintios 15:52; 1 Tesalonicenses 4:16-17). Así que ambos ven la muerte desde dos perspectivas: la primera, quien se enfrenta a la muerte se enfoca en lo que viene, el encuentro con Cristo. La segunda, quien observa a alguien morir, lo entiende desde lo que está pasando en el presente y, por eso, el énfasis está en cómo se ve el cuerpo: está durmiendo.

42. Anthony C. Thiselton, *Life After Death: A New Approach to the Last Things* (Grand Rapids: Eerdmans, 2012), posición 647.

43. George Mendenhall y Gary A. Herion, "Covenant," *ABD*, 1:1178. Hay dos tipos de pactos: (1) Entre iguales, una alianza militar para proteger la región y tener acuerdos comerciales. Así como en la Unión Europea, las naciones son "hermanas". (2) Entre un poderoso y un vasallo, el poderoso demanda sumisión en cambio de protección militar. El poderoso es dueño de la tierra y de los miembros de la nación vasalla, por lo que demanda impuestos. El soberano es quien normalmente toma la iniciativa, y lo hace dando un regalo al vasallo, normalmente tierra. Este tipo de relación es como la de un padre y un hijo o un señor y un siervo.

44. Thiselton, *Life*, posición 659.

45. Myers, *The Apostles*, 52.

46. Véase también Filipenses 3:10-11.

47. Thiselton, *Life*, posición 3411.

48. Jeremias, *Parables of Jesus*, 221-22.

49. Joshua Ryan Buttler, *Skeletons in God's Closet: The Mercy of Hell, the Surprise of Judgement, the Hope of Holy War* (Nashville: Thomas Nelson, 2014).

50. Kent L. Yinger, *Paul, Judaism, and Judgement according to Deeds*, SNTSMS 105 (Cambridge: Cambridge University Press, 1999), 284.

51. Travis, *Christ and the Judgement of God*, 95.

52. C.S. Lewis, *The Problem of Pain*, reprint (Tingle books, 2021), 102.

53. Juan 17:17; Hebreos 12:10; 1 Corintios 1:30; Efesios 5:25-27; Romanos 15:16; 2 Tesalonicenses 2:13

54. Justo L González, *The Apostles' Creed for Today* (London: John Knox, 2007) ubicación 921.

55. González, *The Apostles*, 942.

56. D. E. H. Whiteley, *The Theology of St. Paul* (Oxford: Blackwell, 1964, 2nd ed. 1971), 126-27.

57. Jackson Wu, *Reading Romans With Eastern Eyes: Honor and Shame in Paul's Message and Mission* (Downers Grove: InterVarsity Press, 2019), 74.

58. N.T. Wright and Michael Bird, *The New Testament in its World: An Introduction to the History, Literature, and Theology of the First Christians* (London: Zondervan Academic, 2019), 285.

59. American Psychological Association, *Answers to questions about transgender people, gender identity and gender expression*, https://www.apa.org/topics/lgbtq/transgender, último acceso 6 de Agosto de 2021.

60. Judith Buttler, *Gender Trouble: Feminism and the Subversion of Identity* (London: Routledge, 1990), 139-149.

61. Antony C. Thiselton, *The New International Greek Testament Commentary: The First Epistle to the Corinthians* (Grand Rapids: Eerdmans, 2000), 1264.

62. Sandra Richter, *The Epic of Eden: A Christian Entry into the Old Testament* (Downers Grove: InterVarsity, 2010), 128.

63. Richter, *Eden*, 129-130.

64. Steve Chalke y Alan Mann, *The Lost Message of Jesus* (Zondervan, Grand Rapids, 2003), 182.

65. Stott, *Cross*, 150-152.

66. Stott, Cross, 150-152. La aclaración que Stott encierra con doble signo de pregunta es tomada de John Murray, *Redemption Accomplished and Applied* (Carlisle: Banner of Truth, 1961), 77.

BIBLIOGRAFÍA

Beard, Mary.
"Lecture One: Introduction: Murderous Games". *Gifford Lectures* (Blog). Accessed June 2019. https://giffordsedinburgh.com/2019/05/06/lecture-one-introduction-murderous-games/#more-1446.

Billings, Todd J.
The Word of God for the People of God. Grand Rapids: Eerdmans, 2010.

Blowers, Paul M.
"The Regula Fidei and the Narrative Character of Early Christian Faith". Pro Ecclesia. Vol. 1. No. 2 (1997): 199–228.

Bowman, Robert M. Jr.
"RatioChristi". *Do you believe? Jesus is God.* Book 3. https://ratiochristi.org/is-jesus-god/. Último acceso 5 de agosto de 2021.

Buttler, Joshua Ryan.
Skeletons in God's Closet: The Mercy of Hell, the Surprise of Judgement, the Hope of Holy War. Nashville: Thomas Nelson, 2014.

Buttler, Judith.
Gender Trouble: Feminism and the Subversion of Identity. London: Routledge, 1990.

Carson, D.A.
Expositors Bible Commentary. Grand Rapids, Michigan: Zondervan Publishing, 1984.
The Difficult Doctrine of the Love of God. Nottingham: Inter-Varsity Press, 2000.

Chalke, Steve y Alan Mann.
The Lost Message of Jesus. Zondervan, Grand Rapids, 2003.

Coram Deo Church.
(Octubre 7, 2018). https://cdomaha.com/sermon-audio/2018/10/7/i-believe-in-the-holy-spirit-john-167-15.

Cross, F. L., and E. A. Livingstone.
The Oxford Dictionary of the Christian Church. 3.a ed. Oxford: Oxford University Press, 2005.

Diccionario de la lengua española.
Adoptar. https://dle.rae.es/adoptar. Último acceso 28 de julio de 2021.

Erickson, Millard J.
Christian Theology. Grand Rapids: Baker, 1985.

González, Justo L.
Historia del Cristianismo: Vol. 1. Miami: Unilit, 2003.

Green, Joel B.
Practicing Theological Interpretation: Engaging Biblical Texts for Faith and Formation. Grand Rapids: Baker Academic, 2011.

Hägglund, Bengt.
"Die Bedeutung der 'Regula Fidei' Als, Grundlage Theologischer Aussagen". ST 12 (1958): 38-39.

Hays, Christopher M.
"La ciencia y la fe: Aliados en vez de enemigos". Bite. 26 de septiembre de 2019. Video, 15m24s. https://www.youtube.com/watch?v=Hs7CO3zetcY.

Heim, Erin M.
Adoption in Galatians and Romans: Contemporary Metaphor Theories and the Pauline Huiotesia Metaphors. Leiden: Brill, 2017.

Hill, Charles.
"He Descended Into Hell". *Reformed faith & practice.* https://journal.rts.edu/article/he-descended-into-hell/. Último acceso 5 de agosto de 2021.

Luther, Martin.
Luther's Works: Vol. 28, *Commentary on 1 Corinthians 7 and 15 and 1 Timothy.* Hilton Oswald, ed. St. Louis: Concordia, 1973.

McGrath, Alister.
Believe: Exploring the Apostle's Creed. Downers Grove: IVP, 1997.

McKnight, Scot.
The King Jesus Gospel: The Original Good News Revisited. Grand Rapids: Zondervan, 2016.

Mendenhall, George y Gary A. Herion.
"Covenant". ABD. 1:1178.

Moltmann, Jürgen.
Is There Life After Death? Milwaukee: Marquette University Press, 1998.
The Coming of God: Christian Eschatology. London: S.C.M, 1996.

Murray, John.
Redemption Accomplished and Applied. Carlisle: Banner of Truth, 1961.

Myers, Ben.
The Apostle's Creed: A Guide to the Ancient Catechism. Lexham Press, 2018.

Packer, J. I.
Knowing God with Study Guide. London: Hodder & Stoughton, 2005.

Richter, Sandra.
The Epic of Eden: A Christian Entry into the Old Testament. Downers Grove: InterVarsity, 2010.

Robert M. Bowman Jr.
"RatioChristi". *Do you believe? Jesus is God*. Book 3. https://ratiochristi.org/is-jesus-god/. Último acceso 5 de agosto de 2021.

Stott, John.
The Cross of Christ. Downers Grove, Illinois: IVP, 1986.

Stuhmacher, Peter.
How to do Biblical Theology? Eugene: Wipf and Stock, 1995.

Thiselton, Anthony C.
Life after Death: A New Approach to the Last Things. Grand Rapids: Eerdmans, 2012.
The New International Greek Testament Commentary: The First Epistle to the Corinthians. Grand Rapids: Eerdmans, 2000.

Vanhoozer, Kevin J.
"Redemption Accomplished: Atonement". En *The Oxford Handbook of Reformed Theology*, eds. Michael Allen and Scott R. Swain, 473-496. Oxford: Oxford University Press, 2018.
Biblical Authority after Babel: Retrieving the Solas in the Spirit of Mere Protestant Christianity. Grand Rapids: Brazos Press, 2016.

Wall, Robert W.
"Reading the Bible from Within our Traditions: The 'Rule of Faith' in Theological Hermeneutics". En *Between Two Horizons: Spanning New Testament Studies and Systematic Theology*, ed. J. B. Green and M. Turner, 214-225. Grand Rapids: Eerdmans, 2000. 88.

D. E. H. Whiteley.
The Theology of St. Paul. Oxford: Blackwell, 1964. 2nd ed. 1971.

Wilson, Andrew.
Unbreakable: What the Son of God Said about the Word of God. Croydon: CPI Group, 2014.

Wright, N. T.
Evil and the Justice of God. Downers Grove: IVP, 2006.
The New Testament and the People of God, Vol. 1. Minneapolis: Fortress Press, 1992.

Wright, N.T., and Michael Bird.
The New Testament in Its World: An Introduction to the History, Literature, and Theology of the First Christians. London: Zondervan Academic, 2019.

Wu, Jackson.
Reading Romans With Eastern Eyes: Honor and Shame in Paul's Message and Mission. Downers Grove: InterVarsity Press, 2019.

Yinger, Kent L.
Paul, Judaism, and Judgement According to Deeds. SNTSMS 105. Cambridge: Cambridge University Press, 1999.

WEBGRAFÍA

American Psychological Association.
Answers to questions about transgender people, gender identity and gender expression. https://www.apa.org/topics/lgbtq/transgender. Último acceso 6 de Agosto de 2021.

Wikipedia.
Crucifixión. https://es.wikipedia.org/wiki/Crucifixión. Último acceso el 28 de Marzo de 2015.

Printed in Great Britain
by Amazon

77831717R00092